Klaus Freckmann



# Nahe und Glan

## Eine Region und ihre Kulturgeschichte

Mit einem Beitrag von
Nordwin Beck

MICHAEL IMHOF VERLAG

Für Heinz Bölling
(1935–2003)

Mit freundlicher Unterstützung der

Sparkasse Rhein-Nahe

**Konzept und ein praktischer Hinweis**

Die vorliegende Arbeit ist zweigliedrig aufgebaut. Im ersten Teil – dem umfangreicheren – werden die historischen Hintergründe vorgestellt, die zur Besonderheit dieser Kulturlandschaft geführt haben. Der zweite Teil gibt Empfehlungen zu Exkursionen, auf denen man die Region der Nahe und des Glans erkunden kann. Überschneidungen zwischen diesen beiden Teilen sind naturgemäß unvermeidbar. Querverweise erleichtern das Verständnis.
Bei der Reise durch die Region sieht man sich manchmal mit der Schwierigkeit der Zugänglichkeit von Bauwerken konfrontiert. Erklärlicherweise zeigt sich dieses Problem vor allem bei Kirchen. Insofern ist es empfehlenswert, sich vor einem Besuch, insbesondere bei Bauten auf dem Lande, nach dem Verantwortlichen zu erkundigen, der die Schlüsselgewalt hat.

Titelseite: Blick von der Burgruine Rheingrafenstein ins Nahetal; im Hintergrund die Ebernburg
Doppelseite 2+3: Burgruine Lichtenberg, Ansicht der Oberburg


Stettiner Straße 25 · 36100 Petersberg
Tel.: 0661/2919166-0 · Fax: 0661/2919166-9
www.imhof-verlag.com · info@imhof-verlag.de

Reproduktion und Gestaltung: Patricia Koch, Michael Imhof Verlag
Druck und Bindung: Grafisches Centrum Cuno, Calbe

Printed in EU

**ISBN 978-3-86568-901-6**

# Inhalt

Gebr. Oberlinger
Orgelbau

# Die Landschaft und ihre Geschichte

## Der Naturraum

Seite 6: Bad Kreuznach: Brückenhäuser auf der Nahebrücke

Fährt man die Nahe entlang, etwa auf ihrer mittleren Strecke zwischen Niederhausen und Bad Münster am Stein, dort, wo das enge Flusstal von Weinbergen begleitet wird, so befindet man sich in einer landschaftlichen Idylle, die leicht vergessen lässt, dass es sich um einen Gebirgsfluss handelt, dem mächtiges Hochwasser nicht fremd ist. Die Nahe, deren Quellhöhe bei 459 m über NN liegt, entspringt bei dem Dorf Selbach im Oberen Nahebergland, an das sich westlich das Prims-Blies-Hügelland anschließt (Abb. 1). Das sich nach Nordosten orientierende Bächlein erreicht bei Nohfelden – unweit des Stausees Bostalsee – die erste größere Ortschaft. „Noh" ist die Dialektvariante von Nahe. Nach knapp 10 km weiter in Richtung Nordost gelangt man zum rheinland-pfälzischen Birkenfeld, Verwaltungssitz des gleichnamigen Landkreises. Zu ihm gehört das zirka 17 km nordöstlich gelegene Idar-Oberstein, Zentrum des weltbekannten Edelstein- und Schmuckgewerbes und mit etwa 28 000 Einwohnern größte Stadt dieses Gebietes. Sie zieht sich einerseits durch das Nahetal und dehnt sich andererseits auf den Höhenlagen mit etlichen dorfähnlichen Siedlungen und großen Kasernenkomplexen aus – ein baulich schwieriges Terrain, wie die zahlreichen Brücken und Viadukte zeigen, die vor allem während des Ausbaues der Rhein-Nahe-Bahn errichtet wurden (Fertigstellung 1859/60). Historisches Zentrum ist Oberstein, dessen markante Punkte die Alte Burg („Bosselstein") und das Neue Schloss mit der Felsenkirche sind (Abb. 2). Der Stadtteil Idar, der sich in Richtung Hunsrück erstreckt und an dessen Bachlauf, dem Idarbach, sich einst eine große Anzahl von Achatschleifmühlen befand, entwickelte sich vor allem im 19. und in der ersten Hälfte des 20. Jahrhunderts. Die museale „Weiherschleife" im Stadtteil Tiefenstein vermittelt noch die traditionsreiche Technik des Edelsteinschliffes (Abb. 21–22). Einen Überblick über die in den Betrieben bearbeiteten Mineralien, Diamanten und Kristalle gibt das Deutsche Edelsteinmuseum. Obgleich Idar-Oberstein an der Nahe liegt, kann man den Flusslauf im Stadtbild nicht mehr wahrnehmen; denn er wurde auf einer Strecke von knapp 2 km in den 1980er Jahren kanalisiert und überbaut. Seitdem überspannt eine vierspurige Straße das Flussbett. Sie stellt sicherlich für die enge In-

Abb. 1) Nohfelden-Selbach, Quelle der Nahe

*Abb. 2) Idar-Oberstein, Felsenkirche und Ruine der Alten Burg („Bosselstein") (links)*

*Abb. 3) Bad Kreuznach, Salinental, Gradierwerk der Karlshalle auf dem rechten Ufer der Nahe (links unten)*

*Abb. 4) Traisen, Blick vom Rotenfels auf Bad Münster am Stein (rechts oben)*

*Abb. 5) Blick von der Burgruine Rheingrafenstein zwischen Bad Münster am Stein-Ebernburg und Bad Kreuznach ins Nahetal in Richtung Ebernburg (rechts unten)*

nenstadt eine Verkehrsentlastung dar, ist zugleich aber ein schmerzhafter Eingriff in das Landschaftsbild wie in die gewachsene Stadtstruktur.
Hinter Oberstein weitet sich das Nahetal, das zunächst von dem weitläufigen und amorphen Gewerbegebiet Nahbollenbach eingenommen wird, bis es sich südwestlich von Kirn wieder verengt. Die östliche Ausfahrt dieser Stadt bezeichnet ein riesiger Steinbruch, in dem basaltähnliches Andesitgestein für den Straßenbau gebrochen wird. Bei Simmertal mündet der Hunsrücker Simmerbach in die Nahe, der in seinem unteren Verlauf allerdings zum Kellenbach mutiert. In Martinstein beginnt die Weinbauregion mit Monzingen auf der linken und Merxheim sowie Meddersheim auf der rechten Naheseite. Auch die Stadt Bad Sobernheim, gleichermaßen Industriestandort wie Kurstätte, verfügt über einen beträchtlichen Weinbau. Bei Odernheim, unweit der Kuppe des Disibodenbergs, vereinigt sich der Glan mit der Nahe. Der Weinbau begleitet das nun wieder schmälere Tal über Schloßböckelheim und das erwähnte Niederhausen bis hin zu Traisen und zum Städtchen Bad Münster am Stein mit seiner bekannten Porphyrformation (Ryolith), dem Rotenfels, und der Bergnadel des Rheingra-

Abb. 6) Nahemündung Bingen/Bingerbrück mit Blick auf den Niederwald im Rechtsrheinischen; im Vordergrund die Drususbrücke über die Nahe

Abb. 7) Nahemündung Bingen/Bingerbrück; Kartenaufnahme der Rheinlande durch Tranchot und von Müffling, 1803–1820; Ausschnitt aus der Karte 187 Bingen

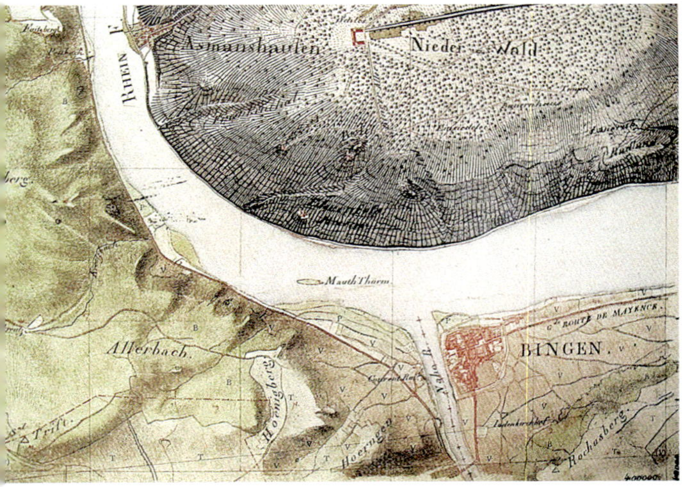


fensteins (Abb. 3–4). Unterhalb von ihm mündet die im Pfälzerwald entspringende Alsenz in die Nahe. Nach Bad Kreuznach hin schließt sich das Salinental an, das als Europas größtes Freiluftinhalatorium gilt (Abb. 5). Die nun in nördlicher Richtung fließende Nahe hat das Bergland verlassen und wird im Westen von den Ausläufern des Soonwaldes und Binger Waldes gesäumt, während sich nach Osten das niedrige rheinhessische Plateau erstreckt. In Bingen, von Bad Kreuznach zirka 20 km entfernt, mündet die Nahe in den Rhein, nachdem sie von ihrer Quelle zirka 116 km zurückgelegt hat (Abb. 6–7).

Der Glan ist in seinem Ursprung ebenfalls ein Gewässer des östlichen Saarlandes. Seine Quelle befindet sich bei

480 m über NN bei Höchen, einem Stadtteil von Bexbach. Schon wenige Kilometer später erreicht der Bach Waldmohr und damit die südwestliche Partie des rheinland-pfälzischen Landkreises Kusel, der einen großen Teil des Nordpfälzer Berglandes einnimmt. Das Flüsschen passiert Glan-Münchweiler, Altenglan, Ulmet und Lauterecken und erreicht nach knapp 70 km Meisenheim. Von dort verläuft es weiterhin in nördlicher Richtung, streift Rehborn und mündet bei Odernheim in die Nahe. Die Flussstrecke beträgt insgesamt ungefähr 90 km. Hingewiesen sei auf die aus Sandstein gemauerten historischen Brücken über den Glan, die eine hohe handwerkliche Qualität bekunden, beispielsweise in Lauterecken oder in Rehborn (Abb. 8–9).

Nahe und Glan sind die Lebensnerven einer Region, die sich von ihren Nachbarregionen nicht präzise abgrenzen lässt. Ist sie in ihrem Westen eine eher rauh-derbe Mittelgebirgslandschaft, die

*Abb. 8) Lauterecken am Glan, Brücke über die Lauter*

*Abb. 9) Rehborn, Glanbrücke*

0

in den Hoch- und Idarwald übergeht, so präsentiert sie sich im Osten als ein mildes Land mit Rebhängen und sanften Hügeln (Abb. 10). Der Rhein bildet eine eindeutige Grenze. Nach Norden ergibt sich mit dem Soonwald-Vorland eine Zwischenstufe vor der Hochfläche des eigentlichen Hunsrücks. Ein Fixpunkt ist das Denkmal des „Jägers aus Kurpfalz“ von 1913, das an fürstliches Jagdtreiben erinnert und zugleich ein spätes Zeugnis wilhelminisch-historistischen Kunstverständnisses ist (Abb. 11). Die dem Hunsrück vorgelagerte Landschaftszone wird vom Ellerbach und Guldenbach durchflossen. Dort liegen Sponheim und Spabrücken, und mehrere Burgen reihen sich ab Winterburg aneinander, wie die oberhalb des Gräfenbachs gelegenen Ruinen der Rosenburg bei Argenschwang, dann die Reste der Stammburg der Herren von Dalberg und schließlich die der Gutenberg. Südlich der oberen Nahe dehnt sich das Prims-Blies-Hügelland und weiter nach Osten das Nordpfälzer Bergland aus, das zum Teil mit dem Westrich, der Westlichen Pfalz, identisch ist. Es ist eine Mittelgebirgslandschaft mit Hochflächen und feuchten Niederungen – überragt im Osten vom Donnersberg.

Die Naturlandschaft ist ein wichtiger Aspekt, dem das Kapitel „Exkursionsvorschläge“ gewidmet ist. Im Mittelpunkt eines Kunstreiseführers steht allerdings die Kulturlandschaft, wie sie im Laufe einiger Jahrtausende aus der Arbeit vieler Generationen erwachsen ist. Insofern kommt dem Weinbau eine besondere Bedeutung zu. Vorrangig interessieren selbstverständlich die Siedlungsformen, die Gestalt von Städten und Dörfern und vor allem die architektonischen wie anderen kulturellen Leistungen. Sie werden im nachstehenden Text in ihren sachlichen Zusammenhängen und ihrer zeitlichen Folge gewürdigt. Thematische Exkursionsvorschläge, zum Beispiel zu Burgen und Kirchen oder zu ausgewählten Dörfern und Stadtzentren sind als Leitlinien zu verstehen.

*Abb. 10) Schloßböckelheim/Niederhausen, Weinbergshäuschen*

*Abb. 11) Denkmal „Jäger aus Kurpfalz“ im Staatsforst Entenpfuhl bei Spall*

## Territoriale Verhältnisse

Im Mittelalter bestimmten vor allem drei Häuser das politische Geschehen der Region: die Grafen von Veldenz, die Wild- und Rheingrafen und die Grafen von Sponheim (Abb. 12–13). Die Besitzungen der Grafen zu Veldenz, deren Geschlecht sich bis zu den Emichonen, den Gaugrafen im Nahegau, verfolgen lässt, verteilten sich einerseits auf die Landschaft um Kaiserslautern und Zweibrücken, und andererseits lagen sie mit Burg Veldenz, dem Stammsitz, an der mittleren Mosel. Die jüngere Linie dieses Geschlechts erlosch 1444. Auf die Emichonen lassen sich ebenfalls die Wildgrafen zurückführen, in deren Familie im 14. Jahrhundert die Rheingrafen einheirateten. Die Nachkommen nannten sich seitdem Wild- und Rheingrafen. Sichtbare Zeichen ihrer Herrschaft sind die Ruinen der Burg Rheingrafenstein zwischen Bad Münster am Stein und Bad Kreuznach, der Kyrburg oberhalb von Kirn, des unweit gelegenen Schlosses Dhaun oder der Burg Grumbach am Glan. Das Territorium der Grafen von Sponheim war vor allem der östliche Hunsrück mit Burg Sponheim wenige Kilometer westlich von Bad Kreuznach. Zwischen 1223 und 1237 wurden im Zuge einer Erbauseinandersetzung die Gebiete in eine Vordere und Hintere Grafschaft aufgeteilt, deren Zentren Kreuznach mit der Kauzenburg und die Starkenburg bei Traben-Trarbach an der Mosel waren. Dieser Zustand währte bis in die erste Hälfte des 15. Jahrhunderts, als die Vordere Linie und zwei Jahrzehnte später die Hintere Linie ausstarb, nämlich 1417 und 1437.

An dieser Stelle scheint ein kurzer Hinweis auf das mittelalterliche Städtewesen angebracht zu sein. Es ist davon auszugehen, dass in der einst römischen Kastellstadt Bingen, obwohl von den Turbulenzen der Völkerwanderung arg mitgenommen, antike Strukturen überlebten, wie es der Erhalt der frühen, vormittelalterlichen Stadtbefestigung vermuten lässt. Aus der Römersiedlung Kreuznach wurde in der Karolingerzeit eine königliche Pfalz. Ein städtisches Gebilde entstand erst im frühen 12. Jahrhundert unter den Sponheimer Grafen, die auch die Kauzenburg errichten ließen. Ein Rathaus – allgemein als Ausdruck zumindest eines gewissen städtischen Selbstverständnisses anerkannt – ist erst für 1480 verbürgt, was allerdings einen früheren Bau mit ähnlichen Funktionen nicht ausschließt. Für Sobernheim

*Abb. 12) Bad Kreuznach, Kauzenburg, Wappen der Grafen von Sponheim*

*Abb. 13) Bad Kreuznach, katholische Pfarrkirche St. Nikolaus (ehem. Karmeliterklosterkirche), Grabmal des Grafen Walram von Sponheim († 1382)*

ist ein Rathaus ab 1535 nachgewiesen, für Meisenheim schon für 1508, was auch auf Kirn zutreffen mag. In den weiter im Westen gelegenen Gebirgslandschaften der Nahe- und Glanregion – Randlagen im Hinblick auf die Wirtschaftszentren und die großen Verkehrsachsen – sind städtische Lebensformen in jener Zeit nicht bekannt.
Für das 12. Jahrhundert sind am Mittelrhein, in Bingen, bereits jüdische Einwohner nachweisbar. Allerdings existieren für das Gebiet naheaufwärts keine Spuren damaligen jüdischen Lebens. Mit dem Ausbau der Landesherrschaft und der Städtelandschaft bemühten sich die Fürsten um die Ansiedlung von Juden, deren Kompetenz in finanzwirtschaftlichen Fragen anerkannt war. Die Anfänge einer Kooperation fanden allerdings schon zwischen 1348 und 1350 ein abruptes Ende, als man diese besondere Bevölkerungsgruppe für die Ausbreitung der Pest verantwortlich machte, sie verfolgte, vertrieb oder umbrachte. In den Jahrzehnten danach sind einzelne jüdische Familien auch in Städten im ländlichen Raum um Nahe und Glan wieder anzutreffen. Von blühenden Gemeinden kann aber keine Rede sein. Jüdische Grabstätten des Mittelalters oder der frühen Neuzeit sind nicht bekannt. Die ältesten Grabsteine der in dieser Region zahlreich erhaltenen jüdischen Friedhöfe stammen erst aus dem frühen bis mittleren 19. Jahrhundert (Abb. 251).
Schon im Mittelalter war die territoriale Aufsplitterung in dieser Region beträchtlich. Dies änderte sich auch nicht in den folgenden Jahrhunderten, sondern verstärkte sich eher noch. Eine den gesamten Raum einigende politische Kraft bildete sich während des ganzen Alten Reiches nicht heraus. Auch den wittelsbachischen Linien, als deren bedeutendste sich die Kurpfalz etablieren sollte, gelang hier nicht der Aufbau eines in sich geschlossenen Territoriums. Andererseits konnten sich Kurtrier und Kurmainz in dieser Gebirgslandschaft auch nicht zu dominierenden Mächten entwickeln. Ein beredtes Beispiel für die Tendenz einer immer größeren Zergliederung stellen die Wild- und Rheingrafen dar, die sich 1515 in die Zweige Alt-Dhaun und Alt-Kyrburg aufspalteten (Abb. 14) und von denen eine Linie ab 1575 in Grumbach am Glan residierte. Bis 1798 war der fürstliche Zweig der Salm-Kyrburg Souverän an der mittleren Nahe mit Kirn als Mittelpunkt (Abb. 15).

*Abb. 14) Hochstetten-Dhaun, Ortsteil Dhaun, ehem. Schloss, Allianzwappen über dem Obertor mit den Insignien des Wild- und Rheingrafen-Philipp († 1521) und seiner Frau*

Salm weist auf eine Grafschaft in den nördlichen Vogesen hin, in deren Besitz die Kyrburger durch Heirat im Jahr 1459 gelangten. Friedrich III., der letzte Fürst von Salm-Kyrburg (1745–1794), ließ am Vorabend der Französischen Revolution noch das Lustschloss Amalienburg am Kirner Naheufer bauen, das allerdings nicht ganz fertiggestellt wurde. Die als Pavillons, in aufgelockerter Bauweise ausgerichtete Anlage ist sicherlich als ein ehrgeiziges Bemühen zu deuten, architektonisch auf der Augenhöhe mit Landesherren bedeutenderer Territorien zu stehen (Abb. 178).

Zurück zur spätmittelalterlichen Welt an Nahe und Glan, als nach dem Aussterben der beiden männlichen Sponheimer Linien Kreuznach und Starkenburg (1417/37) das Erbe weitergereicht wurde. Die Hintere Grafschaft fiel zunächst an die Markgrafen von Baden und die Grafen von Veldenz, deren Geschlecht, wie erwähnt, nur bis 1444 existierte. An ihre Stelle trat Pfalz-Simmern, danach Pfalz-Zweibrücken und schließlich Pfalz-Birkenfeld. Die Vordere Grafschaft unterstand, vereinfacht gesagt, Baden und der Kurpfalz. Die Besitzverhältnisse wurden in Fünftelanteilen gerechnet.

*Abb. 15) Kirn, ehem. Piaristenkloster, heute Rathaus, Wappen des Fürsten Johann XI. Dominik von Salm-Kyrburg († 1778)*

Einig war man sich, dass die ehemaligen Sponheimer Grafschaften von Gemeinsherren in der Art eines Kondominiums zu führen waren und dass sie einer gemeinsamen Verwaltung zu unterstehen hatten. Für die Vordere Grafschaft änderte sich diese Situation 1707, als sie zwischen Baden und der Kurpfalz realiter geteilt wurde. Ähnliches geschah 1776 in der Hinteren Grafschaft, als sich Baden und Pfalz-Zweibrücken für eine Trennung entschieden. Infolge der französischen Revolutionskriege und der napoleonischen Neugliederung wurden diese Regelungen indes obsolet. Frankreich annektierte das linke Rheinland und bildete mit dem Département-de-la Sarre – dazu gehörte der mittlere Hunsrück – und dem Département de Rhin-et-Moselle – dazu gehörte die untere Nahe – neue Verwaltungsstrukturen. Der Wiener Kongress (1814/15) sprach einen großen Teil dieser einverleibten Gebiete Preußen zu, das sie seiner Rheinprovinz eingliederte. Das Birkenfelder Land wurde als ein besonderes Fürstentum dem weit entfernten Großherzogtum Oldenburg zugeschlagen, bei dem es als Exklave bis 1918 verblieb. Einem ebenfalls in weiter Ferne residierenden Souverän unterstand die Gegend um Baumholder, die als „Herrschaft Baumholder", ab 1819 als „Fürstentum Lichtenberg" herzoglich sächsisch-coburgisch-saalfeldisches Terrain war und in dieser Konstellation bis 1834 bestand. Preußen kaufte dem Herzog damals diese Kleinstherrschaft ab. Bemerkenswert sind auch die territorialen Verhältnisse Meisenheims im 19. Jahrhundert. Nach 1815 kam der nördliche Teil von Pfalz-Zweibrücken an die Landgrafschaft Hessen-Homburg und danach, nach dem Aussterben ihrer Dynastie (1866), an das Großherzogtum Hessen (Hessen-Darmstadt), das es, ebenfalls 1866, an Preu-

Abb. 16) Oberhausen/Nahe, Luitpoldbrücke

ßen abgeben musste – eine Folge des Deutschen oder Preußisch-Österreichischen Krieges. Hessen-Darmstadt behielt aber seine nach dem Wiener Kongress erhaltenen linksrheinischen Besitzungen, die Provinz Rheinhessen, zu der auch Bingen gehörte. Bingerbrück auf dem linken Ufer der Nahemündung war dagegen rheinpreußisch. Vorher, das heißt bis zur napoleonischen Okkupation, handelte es sich bei diesem Landstreifen um ein kurmainzisches Territorium. Im 19. Jahrhundert wurden auf der Höhe von Bad Münster am Stein und Bad Kreuznach Bayern, Hessen und Preußen Nachbarn. Der mittlere Glan war Grenzfluss zwischen dem bayerischen Rheinkreis und der Preußischen Rheinprovinz, und die untere Nahe war es zwischen Rheinhessen und eben dieser Rheinprovinz. Die im frühen 19. Jahrhundert geschaffenen Verhältnisse dokumentiert noch heute eine Gedenkplakette auf der Nahebrücke bei Oberhausen, der Luitpoldbrücke (Abb. 16–17). Die Inschrift von 1889 erinnert an den bayerischen Prinzregenten, der damals den nordwestlichsten Zipfel seines Landes mit dem Bau einer steinernen Brücke beehrte. In diesem Zusammenhang seien die bayerisch-pfälzischen Verbindungen ins Gedächtnis gerufen: Herzog Maximilian-Joseph von Pfalz-Zweibrücken wurde nach dem Tod des bayerischen Kurfürsten Carl Theodor (1799) dessen Nachfolger und anschließend

Abb. 17) Oberhausen/Nahe, Luitpoldbrücke, Erinnerungstafel an den bayerischen Prinzregenten Luitpold

als „König Max" erster royaler Souverän von Bayern (1806).
Die räumlichen Zuordnungen überstanden den Untergang der deutschen Monarchien. Nur die Bezeichnungen wechselten. Nach dem Versailler Frieden ergab sich für die westlichen Gebiete eine besondere territoriale Lage. Das Saargebiet war vom Deutschen Reich abgetrennt, und aus dem verbliebenen östlichen Teil des früheren Kreises St. Wendel wurde der „Restkreis St. Wendel-Baumholder" gebildet. Nach der „Rheinlandbefreiung" wurde er mit dem Kreis Birkenfeld (1937) vereinigt, und Baumholder, die frühere Kreisstadt, wurde als Ausgleich für den Verlust dieser Funktion Standort eines östlich der Stadt gelegenen großen Truppenübungsplatzes, dem fünfzehn Dörfer zum Opfer fielen. Nach dem Zweiten Weltkrieg nutzten zunächst Franzosen, danach Amerikaner dieses riesige Militärgelände, das seit 1960 der Bundeswehr untersteht. Baumholder ist nach wie vor Garnison auch amerikanischer Truppen. Militärisch bedingte Wüstungen gab es auch in dem Hunsrückvorland nördlich von Bad Sobernheim. Dort wurden bis 1979 drei Dörfer aufgegeben, die an den Natoflugplatz Pferdsfeld grenzten, der seinerseits 1997 geschlossen wurde. Von den früheren Dörfern zeugt als einsames Denkmal nur mehr die spätgotische Kirche von Eckweiler, die heute wie eine Einsiedelei in der verlassenen Landschaft wirkt (Abb. 18).
Seit der Gründung des Landes Rheinland-Pfalz (1946) sind die Nahe und der Glan, sieht man von ihren Quellen im nordöstlichen Saarland ab, ausschließlich rheinland-pfälzische Gewässer, die, gesehen von Westen nach Osten, die Landkreise Birkenfeld, Kusel, Bad Kreuznach und Mainz-Bingen durchfließen oder streifen.

*Abb. 18) Eckweiler, evangelische Pfarrkirche*

## Kirchliche Verhältnisse

Eng verknüpft mit dem territorialen Geschehen waren die kirchlichen Strukturen. Nur im östlichen Gebiet, an der Mündung der Nahe in den Rhein, bestand mit Kurmainz ein größeres Territorium, dessen Landesherrschaft über das 16. Jahrhundert hinaus katholisch blieb. Kleinere kurtrierische Einsprengsel befanden sich an der mittleren Nahe und auf dem Hunsrück. Die weltlichen Fürsten waren dagegen schon relativ früh mit der Reformation verbunden. Ein eifriger Förderer im Südwesten war Franz von Sickingen (1481–1523), der auf der Ebernburg über Bad Münster am Stein bedeutende Reformatoren beherbergte. Mit Ulrich von Hutten wandte er sich gegen Kurtrier, rief zum Krieg auf und unterlag einem Heer mehrerer verbündeter Fürsten (1522). Dies tat der neuen Glaubensrichtung indes keinen Abbruch, zumal sie mit dem Herzog von Pfalz-Zweibrücken einen mächtigen Befürworter gefunden hatte. In seinem Land wurde die Reformation amtlich 1532/33 eingeführt. Schon einige Jahre zuvor, 1526, war in der Schlosskirche zu Meisenheim – damals herzogliche Residenz – der erste evangelische Gottesdienst gefeiert worden. Ein schriftliches und zugleich bauhistorisches Zeugnis für die neue Lehre ist das in der dortigen Grabkapelle zu Ehren von Herzog Wolfgang von Pfalz-Zweibrücken (1526–1569) aufgestellte Grabdenkmal, dessen Text auch die Verdienste des Verstorbenen für den reformierten Glauben und seine Ablehnung der „päpstlichen Bilderanbetung" (IDOLATRIA PAPISTICA) herausstellt (Abb. 138). Wolfgangs Kirchenordnung von 1557 – Grundstein einer evangelischen Landeskirche – hat mit der Berufung

von Pfarrern durch den Landesherrn ein wichtiges hoheitliches Privileg festgeschrieben. Aufgrund seines Patronats bestimmt der Fürst die Geschicke seiner Kirche wesentlich.

Die Wild- und Rheingrafen neigten ebenfalls der Reformation früh zu, bekannten sich zu ihr offiziell aber erst nach dem Augsburger Religionsfrieden (1555). Die Grablege dieser protestantischen Fürsten ist wie die ihrer Vorfahren die Kirche St. Johannisberg oberhalb von Hochstetten-Dhaun. Die Kirche steht auf ungefähr gleicher Höhe, aber einige Kilometer südlich von Schloss Dhaun – eine exponierte Lage, die wohl die Gleichwertigkeit weltlicher wie geistlicher Macht betont. Prächtigstes Grabmal dieser sakralen Gedächtnisstätte – es ist durchaus mit dem des Herzogs Wolfgang in der Meisenheimer Schlosskirche vergleichbar – ist das des 1585 verstorbenen Wild- und Rheingrafen Johann Christoph, Begründer der Linie Grumbach, unter dem das lutherische Bekenntnis eingeführt wurde. Sein eventuell exklusiv gedachter Anspruch überstand aber nicht die nächsten Generationen; denn während einer Besetzung Kirns durch französische Truppen im letzten Viertel des 17. Jahrhunderts wurde die alte Pfarrkirche St. Pankratius als Simultaneum eingerichtet. Demnach konnten Katholiken und Protestanten das Gotteshaus gleichermaßen nutzen. Der zwischen dem Königreich Frankreich und dem Heiligen Römischen Reich 1697 geschlossene Friede von Rijswijk, durch den der Pfälzische Erbfolgekrieg beendet wurde, verbürgte den Katholiken allgemein dieses Recht. In jener Zeit, 1696, übernahm die katholische Linie der Wild- und Rheingrafen das Amt Kyrburg. Wichtigster architektonischer Ausdruck jener Epoche ist das frühere Piaristenkloster in Kirn, das heutige Rathaus. Johann XI. Dominik Fürst zu Salm-Kyrburg (1708–1778) hatte 1757 Patres des Schulordens der Piaristen in seine Stadt berufen und ließ für sie ein repräsentatives Gebäude als Ordenskolleg und Bildungsstätte errichten, das laut Wappeninschrift 1770 fertiggestellt wurde (Abb. 15). Der katholische Fürst stiftete der simultan genutzten Kirche in Kirn, das heißt ihrem den Katholiken zustehenden Chor, einen Haupt- und zwei Nebenaltäre, einer von ihnen mit dem Bildnis von Josef von Calasanza, Begründer des Piaristenordens. Diese Altäre wurden später abgebaut und gelangten in das Hessische Landesmuseum Darmstadt. Um 1990 erinnerte man sich in Kirn an deren naheländische Provenienz und bemühte sich um eine Rückführung. Diese konnte tatsächlich erreicht werden, und die Altäre wurden im restaurierten Zustand in die katholische Pfarrkirche St. Josef Calasanza in Kirn-Sulzbach überführt. In dem nüchtern-modernen Kirchenbau wirkt allerdings dieses barocke Erbe eines katholischen Fürsten, der mit einem protestantischen Umfeld zu leben verstand, recht befremdlich.

Ein besonders hervorhebenswertes Beispiel konfessionellen Wandels stellt die kleine Herrschaft Dalberg am südlichen Soonwaldrand dar. Im Jahr 1560 wurde das nur aus wenigen Dörfern bestehende Territorium lutherisch, 1624 konvertierte der Landesherr, Johann Georg Kämmerer von Worms genannt von Dalberg, zum katholischen Glauben, der mit Hilfe Kreuznacher Franziskaner-Minoriten nach und nach wiederbelebt wurde. Auch reaktivierte man eine aufgegebene Wallfahrt. Auf den Grundmauern der untergegangenen Kirche in Spabrücken errichteten die Patres zwischen 1731 und 1736 einen Neubau, dessen Inneres sich an

gotischer Bautradition orientiert (Abb. 19 und 161–163). Es handelt sich, wie man das von Jesuitenkirchen kennt, um eine bewusste Hinwendung zur vorreformatorischen, mittelalterlichen Glaubenswelt. Im Jahr 1802 wurde das Franziskanerkloster säkularisiert. Die Klosterkirche ist heute katholische Pfarrkirche.

Die Säkularisierung von Kircheneigentum ist nicht nur ein Faktum der napoleonischen Ära, sondern wurde schon im 16. Jahrhundert nach landesherrlichen Konfessionswechseln praktiziert. So kam das Klosterleben auf dem Disibodenberg oberhalb des Zusammenflusses von Nahe und Glan Mitte der fünfziger Jahre des 16. Jahrhunderts zum

*Abb. 19) Spabrücken, katholische Pfarrkirche Mariä-Himmelfahrt*

Erliegen, und Herzog Wolfgang von Pfalz-Zweibrücken zog als Klostervogt dessen Güter ein. Andere Beispiele eines ähnlichen Schicksals sind die ehemalige Benediktinerpropstei Offenbach am Glan, die ebenfalls an Pfalz-Zweibrücken fiel, oder das berühmte Benediktinerkloster Sponheim, das 1565 aufgehoben wurde. Säkularisierung war auch eine willkommene Gelegenheit der Bereicherung oder Schuldentilgung.

## Wirtschafts- und sozialhistorische Aspekte

In den Landschaften, welche die obere Nahe und der obere Glan durchfließen, spielte die Waldwirtschaft traditionell eine bedeutende Rolle. Außer dem Holz als wichtige Ressource für viele Gewerbe benötigt man Wasserkraft, mit der sich etwa die Räder von Mühlen und auch Hammerwerken antreiben lassen. Damit sind die Vorkommen an Erzen angesprochen, die einst auf dem Hunsrück und in seiner Nachbarschaft in Bergwerken gegraben und zutage befördert wurden, um anschließend verhüttet zu werden. Es wurden nicht nur Eisenerze, sondern auch andere Metalle, beispielsweise Kupfer, gewonnen, wie man es in dem museal zugänglichen Hosenbergstollen bei Fischbach nachempfinden kann. Besonders begehrt war das Edelmetall Silber, auf das sich etwa die berühmte, ab 1544 in verschiedenen Ausgaben erschienene *Cosmographia* des Sebastian Münster bezieht, der zum Hunsrück anmerkt: *Item Sylber Bergwerck erzeigt sich gar schön im Birckenfelder Ampt an vielen Orten. Deßgleichen bey Creutzenach ist auch ein Sylber Bergwerck, ist aber noch nicht im Baw*. Auch für Pfalz-Zweibrücken war der Silber- oder Quecksilberbergbau, wie er in Obermoschel an der Alsenz betrieben wurde, eine wichtige Einnahmequelle. Zudem war er die Grundlage für eine Münzprägung im benachbarten Meisenheim im mittleren 16. Jahrhundert. Silbermünzen – Doppeltaler – wurden übrigens auch, was weniger bekannt ist, Anfang des 17. Jahrhunderts in dem kleinen Territorium der Wild- und Rheingrafen geschlagen. Sie hatten einen Anteil am Kupferbergwerk in Fischbach. Münzstätten waren Kirn und das rheinhessische Wörrstadt.

Die **Hammer- und Hüttenbetriebe** wurden größtenteils in der zweiten Hälfte des 19. Jahrhunderts aufgegeben, lagen sie doch verkehrsmäßig ungünstig; sie hatten keinen Eisenbahnanschluss und waren insofern mit den vorteilhafter gelegenen Werken an Saar und Ruhr nicht konkurrenzfähig. Vereinzelte, umrissartig erhaltene Anlagen, so die Abentheuerhütte im Kreis Birkenfeld (wenige Kilometer nordwestlich von Birkenfeld), lassen den Umfang solcher vorindustrieller Produktionsstätten der Eisenverarbeitung erahnen. Das ehemals prächtige, barocke Wohnhaus des Hüttenherrn beeindruckt immer noch. Reste des Hochofens sind erhalten. Ein baulich informatives Bild vermittelt auch die ehemalige Gräfenbacherhütte, die im südöstlichen Soonwald, knapp 5 km nordwestlich von Spabrücken, liegt. Beide Anlagen wurden im 19. Jahrhundert von der Unternehmerfamilie Böcking

*Abb. 20) Gräfenbacherhütte mit dem Monogramm des Hüttenherrn Gustav (Adolph) Böcking*

betrieben (Abb. 20). Sie verschwägerte sich mit der Familie Stumm, die im 19. und frühen 20. Jahrhundert dem bedeutendsten Montankonzern in Südwestdeutschland vorstand. Vom Hunsrück hatten sich die Aktivitäten in das Saarland verlagert. Johann Michael Stumm (1683–1747), ein Bruder des Stammvaters der späteren Industriellen Stumm, gründete in seinem Heimatort Sulzbach (bei Rhaunen im Kreis Birkenfeld) eine Orgelbaufirma, die über sieben Generationen solche Instrumente herstellte. Als berühmte Beispiele aus dieser Werkstätte lassen sich an Nahe und Glan die Orgeln von St. Matthias in Bad Sobernheim von 1739/40 und der Schlosskirche in Meisenheim aus den Jahren 1764–1768 herausstellen (Abb. 167–168). In einem prächtigen Barock präsentieren sich die Orgelprospekte (vgl. auch die evangelische Kirche in Becherbach bei Kirn mit ihrer Orgel von 1788; Abb. 187).

Die besagten Hammerwerke und Hütten waren aufgrund ihrer Produktivität und Innovationen sicherlich ein Segen für die Region, ihre Kehrseite war der enorme Bedarf an Holzkohle und die damit einhergehende Devastierung der Wälder.

Verschärft wurde dieses Problem durch Abholzungen in französischen Besatzungszeiten des späten 17. und 18. Jahrhunderts. Zwischenzeitliche und spätere Verordnungen zur behutsamen Waldnutzung versuchten, diese Misswirtschaft einzudämmen.

Geht man von der technischen Seite aus, dem Antrieb durch Wasserkraft über ein Rad, so sind die **Achatschleifen**, wie sie vor allem am Idarbach in und bei Idar-Oberstein betrieben wurden, mit Hammerwerken verwandt. Nachdem um 1900 diese wie Wassermühlen arbeitenden Werkstätten an das Stromnetz angeschlossen wurden, konnte man nach und nach auf Wasserräder verzichten. Die Arbeit des Schleifens wurde einst in liegender Position vorgenommen, was man jetzt beispielsweise noch in der schon erwähnten „Weiherschleife“ (Idar-Oberstein-Tiefenstein) erleben kann (Abb. 21–22). Da die Schleifer möglichst gu-

*Abb. 21) Idar-Oberstein, Weiherschleife im Stadtteil Idar (um 1950)*

*Abb. 22) Idar-Oberstein, die Arbeit in einer Achatschleife: Schleifen der Steine in liegender Position; historische Ansichtskarte*

*Abb. 23) Burgruine Gutenberg über dem Gräfenbachtal*

te Lichtverhältnisse benötigten, bedurfte es besonders großer Fenster, die öfters auch in das Dach eingelassen wurden. Die Steine – Achate, wissenschaftliche Kategorie: mikrokristallisierte faserige Quarze $SiO_2$ – fanden sich in Steinbrüchen oder wurden in Edelsteinminen, so in denen des Steinkaulenbergs in Idar-Oberstein (museales Besucherbergwerk), geschürft. Als im Laufe des 18. Jahrhunderts die einheimischen Vorkommen zurückgingen, behalf man sich mit Onyxen, die man aus Südamerika importierte. Die frühesten schriftlichen Quellen über die Achatverarbeitung an der Nahe stammen aus der zweiten Hälfte des 15. Jahrhunderts. Parallel zu den Schleifereien entwickelten sich das Goldschmiedehandwerk und vor allem im 19. Jahrhundert ein auf die Fertigung von Uhrketten spezialisiertes Metallgewerbe. Heute dominiert die Herstellung von Modeschmuck. Will man sich über die Produktion von Schmuckketten und sonstiger dekorativer Accessoires informieren, empfiehlt sich ein Besuch des Industriedenkmals der

*Abb. 24) Fürfeld, Hof Iben, ehemalige Burg- oder Templerkapelle, Kapitell mit Weinrebendekor*

*Abb. 25) Niederhausen, evangelische Kirche, Wandmalerei in der Turmkapelle, Weinreben mit Vögeln*

„Ketten-und Bijouteriefabrik Jakob Bengel“, in der sich die Produktionstechnik auf dem Stand von 1870 bis 1990 erhalten hat (Idar-Oberstein, Wilhelmstr. 42A).

Ein günstiges Klima mit sonnenreichen Sommern, Steillagen und mineralhaltige Böden – Rotliegendes, Schiefer und Porphyre – sind vorzügliche Voraussetzungen für den **Weinbau**, der auf rund 4000 Hektar Rebfläche an der Nahe – ab Martinstein, in den Seitentälern Gräfenbach und Guldental – um Wallhausen und Guldental selbst, am Glan – ab Raumbach und Meisenheim, sowie an der Alsenz – ab Mannweiler-Cölln betrieben wird. Früher wurden Reben auch weiter im Westen angebaut, wie es Ansichten der Kirner Kyrburg und ihres Berges aus dem 17./18. Jahrhundert zeigen. Heute stehen bei mancher Burgruine Weinstöcke bis in den inneren Bering. Es ergeben sich reizvolle Landschaftsbilder. Verunklart wird allerdings die einstige Wehrhaftigkeit, wenn ein Weinberg auch ein Zwingergelände einnimmt, wie dies bei der Burg Gutenberg über dem Gräfenbachtal zu sehen ist (Abb. 23). Von der einstigen sponheimischen, später kurpfälzischen Anlage, die ursprünglich vier Ecktürme besaß, sind nur zwei zur Angriffsseite mit einem Stück Schildmauer zwischen ihnen und ein kleiner unterer Turm im besagten Zwinger erhalten.

Ob die Weinkultur an der Nahe bereits unter den Römern bekannt war, ist nicht erwiesen, aber durchaus denkbar. Es bedarf indes noch eindeutiger archäologischer Funde, wie sie zum Beispiel die Mosel mit Resten römerzeitlicher Kelteranlagen kennt. Der frühere Weinbau war eng mit der Kirche, insbesondere den Klöstern verbunden. Künstlerische Dokumente hierfür finden sich in der Bildhauerei wie in der Malerei. Eines der meisterhaften Kapitelle der ehemaligen Burg- oder Templerkapelle des Hofes Iben bei Fürfeld aus der Zeit um 1240 ist mit Weinlaub und Trauben geschmückt (Abb. 24), und die um 1470 ausgemalte Kapelle der evangelischen Pfarrkirche zu Niederhausen zeigt eine Wanddekoration,

Abb. 26) Schloßböckelheim/Niederhausen, Weingut Hermannsberg, ehem. Weinbaudomäne

Abb. 27) Weinsheim, Backesgasse 2, ehem. Gemeindebackhaus

die in verspielter Anordnung Weinreben und beerennaschende Vögel darstellt (Abb. 25). Angebaut werden verschiedene Weiß- wie Rotweinreben. Wie lange schon der Riesling verbreitetste Sorte ist, ist nicht bekannt. Auf jeden Fall war er es bereits im 18. Jahrhundert, wie eine Beschreibung von Amt und Stadt Kreuznach aus dem Jahr 1772 mitteilt: *Der Weinstock ist fast durchgängig Rieslingholtz, und wird im Oberamt an Pfählen, im Unteramt aber ohne holtz gebauet, giebt nicht viel ins Faß, muß den Menge an der Güte ersetzen*[1] – auch ein Hinweis auf die damals nicht immer ausreichende Qualität des Weines. Dies änderte sich entschieden um 1900, als in Bad Kreuznach eine Weinbauschule eingerichtet wurde und kurz danach, zwischen 1902 und 1913, in Schloßböckelheim/Niederhausen eine Staatliche Weinbaudomäne als Musteranlage gegründet wurde (heute Weingut Hermannsberg; Abb. 26). Das Weinbaugebiet Nahe, zu dem auch die Lagen am Glan und der Alsenz zählen, wird vor allem wegen der geschmacklichen Vielfalt seiner Kreszenzen geschätzt, die letztlich ein Ergebnis der unterschiedlichen Bodenformationen in einer relativ kleinen Region ist. So bestätigt sich heute wieder eine Meinung, die sich in einem badischen Urteil von 1765 findet: *Die Naheweine seyndt sehr starke und feuerige Weine, eines angenehmen Geschmackes.*[2]

Neben der Landwirtschaft bestand ein breit gefächertes **Handwerk**, das bis weit in das 20. Jahrhundert das wirtschaftliche Leben der meisten Kleinstädte bestimmte. An manchen Häusern finden sich historische Handwerkerzeichen, die Auskunft über den einstigen Broterwerb des Hausherrn geben. Manchmal sind auch Gemeindebauten – Backhäuser – mit solchen Darstellungen geschmückt (Abb. 27). Detaillierte Einblicke in die handwerkliche Vielfalt gewähren Berufserhebungen, von denen hier eine der Stadt Kirn aus dem Jahr 1786 erwähnt sei. Man trifft auf zahlreiche Handwerker im textilen Bereich, seien es Wollen- und Leinenweber sowie Tuchscherer, und ist erstaunt über die vielen Gerber, die differenziert als Weiß-, Rot- oder Lohgerber verschiedene Lederqualitäten herstellten, die feinere und weichere für die Bekleidung, die gröbere und

*Abb. 28) Bad Kreuznach, das frühere Kurhaus und heutige Parkhotel in der Kurhausstraße*

strapazierfähigere für Schuhwerk. Der Name Lohgerber rührt von der Eichenrinde her, die im großen Stil von jungen Bäumen in den einheimischen Niederwäldern, den Lohwäldern, abgeschält und anschließend zum Gerben des Leders verwendet wurde. Baulich prägten die zwischen der Nahe und dem sogenannten Teich gelegenen Gerberhäuser mit ihren charakteristischen langen Reihen von Holzklappläden auf den Ebenen der Trockenspeicher ein ganzes Stadtviertel. Davon sind nur noch Relikte erhalten. Mitte des 19. Jahrhunderts entwickelte sich aus diesem handwerklichen Gewerbe eine Industrie, deren Glanzzeit bis zur großen Wirtschaftskrise der 1920er Jahre währte und die in einer ebenfalls in Kirn ansässigen Kunststoffindustrie eine Nachfolgerin gefunden hat. Die verbliebene Lederwarenbranche hat sich auf modische Artikel spezialisiert. Zu einem Industriestandort hat sich in den letzten Jahrzehnten auch Bad Sobernheim (Autozulieferung, Chemie) entwickelt, während in Bad Kreuznach nach wie vor Präzisionsoptik und Filtersysteme für den Weinbau produziert werden. Weingroßkellereien befinden sich an der unteren Nahe.

Besondere Beachtung verdient das **Kur- und Badewesen**, das sich in den Bädern Kreuznach und Münster am Stein ab der ersten Hälfte des 19. Jahrhunderts und in Sobernheim, offizielles Bad seit 1995, ab dem frühen 20. Jahrhundert entwickelt hat. Zwischen den beiden erstgenannten Städten liegt das von der Nahe durchflossene Salinental, das mit seinen Gradierwerken eine kultur- und wirtschaftshistorische Besonderheit darstellt. Die Namen der

1 Bayerische Staatsbibliothek München, Handschriftenabteilung, Cgm 2654.

2 Generallandesarchiv Karlsruhe, Sign.: 75/377; angegeben bei W. Dotzauer, Die Vordere Grafschaft Sponheim, S. 96, Fußnote.

1729 errichteten Karlshalle und der 1742 in Betrieb genommenen Theodorshalle gehen auf die Kurfürsten Karl Philipp von Pfalz-Neuburg und seinen Nachfolger Carl Theodor von Pfalz-Sulzbach zurück. Initiator der Bad Kreuznacher Kureinrichtung war der Arzt Dr. Johann Erhard Prieger, der den Heilwert der dortigen Solequellen erkannte und sie ab 1817 für seine Trink- und Badekuren nutzte. Ab 1904 wurde das Bad Kreuznacher Kurprogramm um eine Radontherapie erweitert, die auf wissenschaftlichen Erkenntnissen des Apothekers Dr. Karl Aschoff basiert. Er hatte die strahlenden Eigenschaften der Kreuznacher Quellen erkannt und erforscht. Seitdem können die Kurgäste trockenwarme Luft, die durch radioaktives Gas in geringer Konzentration angereichert wird, in einem stillgelegten Quecksilberstollen inhalieren. Günstige Voraussetzungen für ein Kurwesen boten sich auch in Münster, dessen Gradierwerke seit 1729 belegt sind und das 1905 seine Anerkennung als Bad erhielt. Baulich profitierte Bad Kreuznach besonders in der zweiten Hälfte des 19. und am Beginn des 20. Jahrhunderts vom Kurleben. Elegante Villen, Hotels und „Badehäuser“, in deren Fassaden sich spätklassizistische und historistische Architekturauffassungen, manchmal auch solche eines verhaltenen Jugendstils spiegeln, bildeten am Naheufer, etwas abgerückt von der Altstadt, ein neues Viertel. Im Jahr 1843 hatte man ein Kurhaus errichtet, das gut ein halbes Jahrhundert später als zu klein, als zu unrepräsentativ, kurzum: als überholt galt. Es folgte 1913 ein Neubau – das heutige ‚Parkhotel Kurhaus‘ – nach dem Entwurf des renommierten Münchener Architekten Emmanuel von Seidl, dessen gestalterische Handschrift vor allem neobarocke Züge zeigt (Abb. 28). In Bad Münster entstand in jenen Jahren, zwischen 1910 und 1912, ein Badehaus mit Brunnenhalle, das gegenwärtige Kurmittelhaus I. Als Architekten hatte der dortige Stadtrat den Freiburger Robert Mühlhaus gewählt, der sich, auch im Sinne des Historismus, von Fachwerkbauten leiten ließ (Abb. 29). Die beiden Weltkriege brachten für die Badeentwicklung beider Kurstädte herbe Einschnitte mit sich. Ihre Kureinrichtungen waren 1917 und zu Beginn des Jahres 1918 Sitz des sogenannten „Großen Hauptquartiers“, unter dem die zentrale, vor allem militärische Führung des Deutschen Kaiserreichs zu verstehen ist. Nach der Beendigung der alliierten Rheinlandbesetzung, 1930, besuchte Paul von Hindenburg, nun als Reichskanzler, wieder Bad Kreuznach und das Kurhaus, in dem er einst zusammen mit Ludendorff das Kriegsgeschehen kommandiert hatte. Ein Vierteljahrhundert später, nach dem Zweiten Weltkrieg, wurde das Kurhaus vom amerikanischen Militär vereinnahmt, das es 1955 verließ. Aufgrund dieser Vergangenheit kam der Zusammenkunft der beiden Staatsmänner Konrad Adenauer und Charles de Gaulle am 26. November 1958 im Bad Kreuznacher Kurhaus eine besondere symbolische Bedeutung zu. Im Oktober 1984 folgte an dieser Stätte als weiterer Akt der Aussöhnung ein Treffen von Bundeskanzler Kohl und Staatspräsident Mitterand.

Bad Sobernheim, die jüngste der drei Kurstädte an der Nahe, verdankt den Ausbau der Kuranlagen dem Zusammentreffen eines charismatischen Heilkundigen mit einem ebenso dankbaren wie aktiven Geschäftsmann. Der eine war der evangelische Pastor Emanuel Felke, der sich um 1900 einen weit über

Abb. 29) Bad Münster am Stein, Kurmittelhaus

seinen damaligen Wirkungskreis, den Niederrhein, reichenden Ruf als „Lehmpastor" erworben hatte. Grundstoff seiner naturheilkundlichen Anwendungen war der Lehm, der Patienten in Packungen verabreicht wurde oder von dessen entschlackender Wirkung sie sich in Schlammbädern überzeugen konnten. Der andere war der Sobernheimer Metzgermeister Andreas Dhonau, der geheilt von einer hartnäckigen Hautkrankheit sich die Aufgabe eines Kurhausbaues in seiner Heimatstadt gestellt hatte. Grundlage sollte Felkes naturheilkundliche Therapie sein. Dem Vorhaben war Erfolg beschieden. Aus kleinen Anfängen um 1907 entwickelte sich eine aus mehreren Gebäuden bestehende Anlage in einem Parkgelände. Herzstück ist das als Landhaus konzipierte eigentliche Kurhaus von 1920/21 (heute ‚Romantik Hotel BollAnt's im Park', Abb. 30). Mit Felkes naturgemäßer und ganzheitlicher Lebens- und Heilweise sind auch die ‚Maasberg-Therme' unmittelbar nördlich von Bad Sobernheim, ca. 2,5 km vom Stadtzentrum entfernt, und ‚Menschels Vitalresort' in Meddersheim verbunden, ca. 3 km westlich von Bad Sobernheim.

Als Bad Kreuznach und Bad Münster am Stein im 19. Jahrhundert als Kurorte aufblühten, schwärmte man von der Schönheit rheinischer Landschaften und ihrer geschichtsträchtigen Bauten, etwa den Burgen und mittelalterlichen Kirchen. Die **Rheinromantik** war geboren, und an ihr partizipierten auch die mittelrheinischen Gebirge und deren Flüsse. Es waren zunächst Engländer, die diesen landschaftlichen wie kulturhistorischen Zauber entdeckten. In der ersten Hälfte des 19. Jahrhunderts erschienen erst wenige, danach immer mehr illustrierte Publikationen in der Art von Reiseführern, die vom Mittelrhein aus auch das Nahetal erschlossen. Landschaftsmaler, wie der an der Düsseldorfer Kunstakademie ausgebildete Johann Caspar Scheuren (1810–1887), erwanderten abgelegene, halb vergessene Regionen, hielten sie künstlerisch fest und machten deren Reize über Lithographien einem größeren Publikum zugänglich. In diesem Sinne ist Scheurens 1834 erschienener Band zu würdigen: *Das Nahe-Thal: von dem Ursprung der Nahe bis zu ihrer Mündung in den Rhein*. Der Zustrom der zahlreichen, auch ausländischen Gäste in die Bäder Kreuznach und Münster war einer professionellen Erinnerungskultur in der Form von Ansichtskarten förderlich, die zugleich die landschaftlichen wie baulichen Charakteristika dieser Gegend in die weite Welt trugen. Beliebte Souvenirs waren faltbare Scherenschnitte, die sich fächerartig aufklappen lassen und beidseitig eine Vielfalt von Motiven vor Augen führen (Abb. 31). Unter den vielen Sujets, die festhaltungswürdig sind, nimmt der Rheingrafenfels eine besondere Stellung ein. Von ihm existieren Darstellungen in allen möglichen Ver-

*Abb. 30) Bad Sobernheim, ‚Kurhaus Dhonau-Bolland'*

*Abb. 31) Faltbarer Scherenschnitt als Souvenir mit Motiven von Bad Kreuznach und Umgebung, Ausschnitt mit der Nahebrücke in Bad Kreuznach und dem Rotenfels in Bad Münster am Stein-Ebernburg*

*Abb. 32) Titel der Jubiläumsschrift „Neues Bäderhaus, Bad Münster am Stein, 1911–1961"*

sionen. Unübertroffen ist aufgrund ihres expressiven Ausdrucks wohl eine Ansicht, die an die Eröffnung des Neuen Bäderhauses in Bad Münster im Jahr 1911 erinnert (Abb. 32).

## Kultur- und Baugeschichte

### Vor- und Frühgeschichte

Realien menschlichen Lebens finden sich an der Nahe ab der Älteren Steinzeit (100 000 – 10 000 v. Chr.). Bei Guldental (Heddesdorf) und Weiler (Bingen/Bingerbrück) konnten Faustwerkzeuge paläolithischer Jäger ans Tageslicht gebracht werden. Zahlreiche neolithische Hinterlassenschaften sind überliefert, die für Siedlungen im gesamten mittleren Nahetal sprechen. Eine nicht so günstige Belegsituation gilt für die Landschaft am Glan, die, wie es Funde einiger jungsteinzeitlicher Steinbeile bei Glan-Münchweiler zeigen, damals aber auch eine gewisse Besiedlung kannte. Aus der Übergangszeit vom Früh- zum Mittelneolithikum stammen aller Wahrscheinlichkeit nach die „Hinkelsteine", wie die vereinzelt erhaltenen, rätselhaften Menhire beachtlichen Ausmaßes genannt werden. Zwischen Mittelreidenbach und Schmidthachenbach stößt man auf ein solches Beispiel, das, wie sein Name „Hunnenstein" oder „Hollenstein" nahelegt, mit sagenhaften Ereignissen in Verbindung gebracht wird (Abb. 33). Ein ähnlicher Stein findet sich unter dem Namen „Der lange Mann" bei Altenbamberg in der Nähe von Bad Kreuznach. Damals bestanden schon dorfähnliche Siedlungen mit Gruben- und auch Pfostenhäusern, die ein Ständergerüst mit Fachwerkwänden besaßen. An Töpferwaren sind bandkeramische Gefäße überliefert. Es folgen spitzbodige Tulpenbecher der sogenannten Michelsberger Kultur, die für den Zeitraum von etwa 4400 bis 3500 v. Chr. angesetzt wird, und es schließt sich Geschirr der Glockenbecherkultur an, die bereits bronzene Gerätschaften kannte und die bis zirka 2200 v. Chr. bestand. Auf die Bronzezeit folgt die Eisenzeit mit der Hunsrück-Eifel-Kultur,

*Abb. 33) Der „Hunnenstein" oder „Hollenstein" zwischen Mittelreidenbach und Schmidthachenbach*

die in ihrem jüngeren Abschnitt als „keltisch" bezeichnet wird. Bedeutendster Fundort dieser Epoche ist Waldalgesheim (zirka 8 km westlich von Bingen/Bingerbrück), wo in der zweiten Hälfte des 19. Jahrhunderts ein berühmt gewordenes Fürstengrab gehoben werden konnte, das aufgrund eines geborgenen Streitwagens samt Zaumzeug auch als *Wagengrab* bekannt ist (heute im LVR-Landesmuseum Bonn). Dieser um 350/320 v. Chr. zu datierende Fund, zu dem auch kostbarer Goldschmuck gehört, ist als *Waldalgesheimer Stil* Namensgeber für eine besondere Dekorauffassung der Latènezeit. Kennzeichnend sind sich überschneidende Rankenmuster, geometrisch angeordnete Pflanzenmotive, Zirkelkompositionen und Wirbelmuster. Die Gestaltung deutet auf mediterrane Anregungen hin, die indes in eine eigenständige Formensprache übertragen wurden. Der Fund von Waldalgesheim ist kein Einzelfall eines keltischen „Fürstengrabes" oder „Prunkgrabes", in dem, um es etwas zurückhaltender zu formulieren, ein Angehöriger der aristokratischen Oberschicht beigesetzt wurde. In Hoppstädten-Weiersbach bei Idar-Oberstein, Walddistrikt „Hasselt" (heute: Gelände der Fachhochschule), wurde eine solche spätkeltische Grabstätte mit Wagenteilen, Bewaffnung und weiteren Beigaben, darunter eine italisch-etruskische Kanne, ergraben (Abb. 34) – Beispiel für die jüngere Hunsrück-Eifel-Kultur (ca. 450–250 v. Chr.) und ihre Verbindung mit dem Mittelmeerraum. Eine ähnliche Kanne aus dem zweiten Jahrhundert (fertiggestellt 175 n. Chr.) fand man in einem keltischen Grab in Siesbach (vgl. in der Keltenabteilung des Landesmuseums Birkenfeld die Kopien des Adlers und der Götterköpfe). Im Quellgebiet der Nahe, dem nordöstlichen Saarland, liegt bei Nohfelden-Selbach in Richtung Tholey-Theley ein Grabhügel, der „Fuchshübel", in dessen Grabkammer ebenfalls eine hochgestellte keltische Persönlichkeit mit kriegerischem Zubehör – ein Streitwagen als Ruhestätte und Lanzen – beigesetzt war. Die beigegebene Bronzekanne, wiederum italisch-etruskischer Provenienz, war ursprünglich vielleicht mit Wein gefüllt, der als Wegzehrung dienen sollte. Derartige Gefäße – Statusobjekte hochgestellter Kelten – sind auch aus Weiskirchen und Schwarzenbach überliefert, beide im nördlichen Saarland. Eine ähnliche Grabstätte in Sien (knapp 15 km südlich von Kirn) hütete unter anderem eine solche Kanne, die allerdings getöpfert ist und damit die Übertragung südlicher Bronzetechnik auf nördliche Keramik belegt (Abb. 35). Die „Siener Tonschnabelkanne", die zwischen 450 und 400 v. Chr. geschaffen worden ist, wird wie ein großer Teil solcher Funde im Trierer Landesmuseum aufbewahrt (Kopie im Landesmuseum Birkenfeld). Dieses Museum, das auf den bereits 1843 gegründeten Birkenfelder Altertumsverein zurückgeht und 1911 eröffnet wurde, als Birkenfeld zu Oldenburg gehörte, besitzt gleichfalls zahlreiche, zum Teil kunstvolle Artefakte, die Rückschlüsse auf den häuslichen Alltag der Kelten wie auf ihre Bewaffnung erlauben. Will man in der Birkenfelder Region den Spuren der Kelten folgen, so bietet sich der Sirona-Weg an, benannt nach der gallorömischen Heilgöttin Sirona. Der Weg führt von der rekonstruierten Keltensiedlung Altburg bei Bundenbach zur Altburg bei Hoppstädten-Weiersbach. Unterwegs passiert man einige Hügelgräberfelder und bei Allenbach, am „Ringkopf", eine Ringwallanlage, die um 520 v. Chr. errichtet worden sein dürfte.

*Abb. 34) Bronzene etruskische Schnabelkanne, gefunden als Beigabe eines keltischen Fürstengrabes in Hoppstädten-Weiersbach zwischen Birkenfeld und Idar-Oberstein (Landesmuseum Birkenfeld)*

*Abb. 35) Schnabelkanne aus Ton, gefunden als Beigabe eines keltischen Kriegergrabes in Sien südlich von Kirn (Original im Landesmuseum Trier; Kopie im Landesmuseum Birkenfeld)*

Die kostbaren keltischen Grabbeigaben sind Zeugnisse einer kultivierten Welt, mit der man eine Mittelgebirgsregion wie die von Nahe und Glan kaum verbindet. Sie wird üblicherweise eher mit Unzugänglichkeit und Abgeschiedenheit assoziiert. Vielleicht waren dies auch die Gründe, welche die Kelten dazu bewegten, auf den Höhen befestigte Oppida oder Wallburgen anzulegen, die sicherlich im Zusammenhang mit dem treverischen Abwehrkampf gegen die vordringenden Römer zu sehen sind (vgl. Julius Caesar, *Commentarii de Bello Gallico*, Bericht über den Treverer-Aufstand von 53 v. Chr. im 6. Buch). Es handelt sich um Siedlungen, die sich, geurteilt nach baulichen Kriterien, nicht genau voneinander unterscheiden lassen. Geht man im ersten Fall eher von stadtähnlichen Gegebenheiten aus, so herrschte im zweiten Fall eine fortifikatorische Strategie vor. Durch steinerne Wälle oder durch Kombinationen von Holzgerüsten und Steinpackungen (*murus gallicus*) wurden Bergsporne oder Bergplateaus gesichert, deren bauliche Ausstattung immer noch rätselhaft ist. Ein besonders eindrucksvolles Beispiel einer derartigen Oppidum-Anlage stellt der Ringwall von Otzenhausen an der rheinland-pfälzisch-saarländischen Grenze dar, der volkstümlich „Hunnenring“ genannt wird (zirka 15 km südwestlich von Birkenfeld). Das befestigte Areal beträgt 19 Hektar. Es lässt reichlich Raum für interne Bauten, unter denen man sich eine Fachwerkarchitektur vorstellen kann. Einen Eindruck ihrer Erscheinung erhält man von dem als eine Art Freilichtmuseum konzipierten „Keltendorf“ Altburg bei Bundenbach hoch über dem Hahnenbach, der bei Kirn in die Nahe mündet. Höhenburgen der Spät-Latènezeit oder Fluchtburgen (?) sind mehrfach an der Nahe anzutreffen, und zwar sowohl an ihrem oberen Lauf, zum Beispiel um Hoppstädten (vgl. den Sirona-Weg), als auch in ihrem unteren Bereich, so bei Münster-Sarmsheim (Münsterer Berg). Als Ringwallanlagen im Glantal, die ebenso wie die nördlicheren den Treverern zuzusprechen sind, seien die Beispiele bei Kreimbach und Medard erwähnt. Generell ist darauf hinzuweisen, dass die Einordnung und Datierung etlicher derartiger Höhenbefestigungen Schwierigkeiten bereitet; denn ohne genaue archäologische Untersuchung ist kaum klar, ob sie vorgeschichtlichen oder römerzeitlichen Ursprungs sind.

## Römische Zeit

Unter Gallien verstanden die Römer die von Kelten besiedelten und von Caesar eroberten Landschaften, zu denen auch das linke Rheinland gehörte. Die größte Provinz war *Gallia Belgica*, die man im Allgemeinen mit der *civitas treverorum* gleichsetzt. Treverer waren aber auch in den im ersten nachchristlichen Jahrhundert gebildeten Provinzen *Germania superior*, Obergermanien, und *Germania inferior*, Niedergermanien, ansässig. Diese Gebiete galten als Militärdistrikte. Die Nahe- und Glanregion war in ihrem östlichen Teil der *Germania superior* mit Mainz als Statthaltersitz und in ihrem westlichen der *Gallia Belgica* mit Trier als Zentrum zugeordnet. Die Grenze zwischen Obergermanien und Gallien verlief im Süden längs des Kohlbachs, einem linken Nebengewässer des Glans, in den es bei Bruchmühlbach-Miesau mündet, richtete sich weiter nach Norden, übersprang westlich von Idar-Oberstein bei der Einmündung des Siesbachs die Nahe, durchquerte den Hunsrück und überschritt westlich von Cochem die Mosel. Günstige Siedlungsvoraussetzungen bot das östliche Grenzland von *Germania superior* dort, wo sich das Nahetal weitet und in das recht flache Hügelland Rheinhessens übergeht. In dieser Landschaft entfalteten sich mit Bingen (*Bingium*) und Bad Kreuznach (*Cruciniacum*) zwei Orte, von denen der erste als *Kastellvicus* und als Übergang über die Nahe schon früh, nämlich im ersten Jahrhundert n. Chr., eine besondere strategische Bedeutung hatte, die sich noch im dritten Jahrhundert verstärkt haben dürfte, als Rom die rechtsrheinischen Gebiete, das Dekumatland, aufgeben musste. Außerdem war Bingen nicht nur für den Süd-Nord-Verkehr, sondern auch für den nach Westen in Richtung Gallien und Trier ein wichtiger Knotenpunkt. Auch für *Cruciniacum*, ein *Vicus* wie *Bingium*, das heißt zunächst ein Flecken, war der Schnittpunkt mehrerer Straßen eine günstige Siedlungsvoraussetzung. Strategische Notwendigkeiten erforderten hier ebenfalls, allerdings erst unter Kaiser Vespasian, den Bau eines Kastells. Nach Westen hin, dem Hunsrück zu, war das Land mit einzelnen Gutshöfen dünn besiedelt. Der spätantike Beamte und Dichter Decimus Magnus Ausonius, der diese Gebirgslandschaft auf seinem Weg von Bingen nach Trier durcheilte und seine Eindrücke in dem Gedicht *Mosella,* 371 verfasst, der Nachwelt überliefert hat, spricht von unwirtlichen Gegenden und tiefen, furchterregenden Wäldern. Nach Westen hin fand sich erst mit Tholey ein wichtiger *Vicus*, der sich an der Kreuzung der Strecken Mainz-Metz und Trier-Straßburg entwickelt hatte (*vicus* ‚Wareswald'). Das Zwischenland war jenes wenig zugängliche Rückzugsgebiet der Treverer mit ihren Oppida und Burgwällen. Von ihnen zeugen heute nur Ruinen, die den Schluss nahelegen, dass die Römer für die Zerstörung verantwortlich gewesen wären, als sie 50 v. Chr. den letzten treverischen Aufstand niederwarfen. Sie waren es eher indirekt. Die Archäologie hat nämlich herausgefunden, dass die Wehranlagen nach dieser Niederlage aufgegeben wurden; sie hatten ihren Sinn verloren. Offenbar setzte danach ein Assimilierungsprozess ein, der zu einer Annäherung von Urbevölkerung und Eroberern führte. In der Zeit nach Augustus manifestierte sich die Romanisierung Galliens, die als gallo-römische Kultur bis ins fünfte Jahrhundert währte. Die Funddichte römischer Zeugnisse ist, wie bereits gesagt, in der östlichen Nahe- und Glanregion, vor allem um Bad Kreuznach und Bingen, besonders günstig. Welchen Lebensstil eine elitäre Bevölkerungsschicht dort pflegte, belegt eine palastähnliche Villa, deren Reste ab 1893 in mehreren Etappen ausgegraben wurden. Es zeichnen sich die Umrisse einer am Hang gelegenen rechteckigen Vierflügelanlage ab, deren Mitte ein ebenfalls rechteckiger, nicht überdachter Innenhof bildet. Um ihn gruppieren sich alleine im Parterre um die fünfzig Räume. Wertvollste Schätze dieser symmetrisch konzipierten Peristylvilla sind zwei Mosaikböden, die einst einen Raum in der Südwestecke des Baues und zum zweiten einen großen Empfangssaal mit apsidialer Erweiterung an der Südseite schmückten. Die jetzt in der „Römerhalle" – ein Teil des Museumskomplexes „Rittergut Bangert" – zu besichtigenden Mosaike befinden sich etwas versetzt von ihren ursprünglichen Standorten. Das an der früheren Südwestecke vorgefundene Mosaik zeigt in seinem kreisförmigen Zentrum eine Tierhatz zweier Gladiatoren. Dargestellt sind nicht nur einheimische, sondern auch exotische Tiere (Abb. 36). Umgeben ist dieses dramatische Geschehen von acht radial und gleichmäßig angeordneten kleineren Szenen, in denen Mann gegen Mann, Mann gegen Tier oder Tier mit Tier kämpft. Umgeben ist die rechteckige Komposition von geometrischen wie floralen Bordüren. Das zweite Mosaik, dasjenige an der früheren Südseite der Villa, ist dem Meeresgott Oceanus gewidmet, dessen von Locken, einer Art

Abb. 36) Bad Kreuznach, Römisches Gladiatorenmosaik (Museen im Rittergut Bangert, Römerhalle und römische Villa)

Geweih und Seepflanzen gesäumtes Haupt die apsidiale Erweiterung des Bodens einnimmt. Fische und sonstiges Meeresgetier veranschaulichen ozeanisches Leben, das von Fischern im Boot, die ihre Netze auswerfen, eingefangen wird. Uferlandschaften mit Säulenarchitektur arrondieren die maritime Welt. In der Mitte des Mosaiks befindet sich ein sechseckiger, marmorner Brunnen, der in anderer Weise das Thema Ozean fortsetzt – Wasser als lebensspendende Kraft. Bemerkenswert ist eine im Mosaik zu lesende Inschrift, mit der sich der Künstler namens VICTORINUS verewigt hat. Dies ist ein ganz frühes Beispiel einer Künstlersignatur. Vergleicht man die beiden Mosaiken miteinander, so fällt als größter Unterschied die Kompositionsart auf. Das Gladiatorenbildwerk zeigt einen konsequent strengen Aufbau, bei der Ozeanusdarstellung handelt es sich dagegen um eine lockere, bildhafte Erzählung, die um den Brunnen kreist. Die Kunstgeschichte geht von einem Werk von Mosaizisten aus der römischen Metropole Trier aus. Das dortige Landesmuseum bewahrt etliche steinerne Bildteppiche. Der prächtigen Villa in *Cruciniacum* war keine lange Lebensdauer beschieden. Sie entstand laut einer allerdings nicht gut erhaltenen zweiten Mosaikinschrift, die Namen von Konsulen mitteilt, wahrscheinlich 234 n. Chr.; um 275 lag sie schon darnieder, und ihre Reste gingen in einer Wohnfestung auf. Die jetzige museale Anlage ist nicht nur wegen der Mosaiken sehenswert, sondern unter anderem auch wegen technischer Einrichtungen, beispielsweise der Hypokaustenheizung oder der Küche. Auch ließen sich anhand von Fragmenten der Wand- und Deckenmalereien Farbfassungen rekonstruieren.

Im Zusammenhang mit Bad Kreuznach ist ein zweiter Mosaikfund an der unteren Nahe erwähnenswert. Er wurde Ende des 19. Jahrhunderts in Münster-Sarmsheim entdeckt und schmückte einst ebenfalls den Fußboden des Empfangssaals einer römischen Villa, die in das mittlere dritte nachchristliche Jahrhundert datiert wird. Dargestellt ist der mit einem Strahlenkranz ausgezeichnete Sonnengott in einer Quadriga. Die Pferde bäumen sich auf und halten, wohl mitten im Lauf, in senkrechter Stellung inne, und zwar in symmetrischer Position. Um das Bild zirkulieren, passend zum Protagonisten, die Tierkreiszeichen. Das Mosaik (heute im LVR-Landesmuseum Bonn) steht für den Sonnenkult, der zu Zeiten Kaiser Aurelians einen Höhepunkt erlebte. *Sol invictus*, die unbesiegbare Sonne oder personifiziert als unbesiegbarer Sonnengott, hatte schon bei den Griechen als Helios einen hohen Symbolgehalt.

In Richtung Hunsrück und Westpfalz ist einstiges römisches Leben durch zahlreiche Lesefunde und Nachweise der Spatenarchäologie überliefert. Die dortigen Landsitze konnten aber mit der Üppigkeit, wie sie an der unteren Nahe entgegentritt, nicht mithalten, und insofern sind bedeutende Endeckungen auch eher selten. Eine der sprichwörtlichen Ausnahmen ist eine bronzene Merkur-Statuette, die in Odenbach am Glan gefunden wurde und vermutlich aus einem der dortigen römischen Gutshöfe stammt. Der athletisch gebaute und unbekleidet dargestellte Gott des Handels trägt seinen geflügelten Hut und hält in der Rechten als Attribut des mit ihm verbundenen Gewinnstrebens ein prall gefülltes Geldsäckchen (heute im Historischen Museum der Pfalz/Speyer).

Auf ehemalige römische Präsenz stößt man auch in rein ländlicher Umgebung, so am Rande des Dorfes Schweinschied (zwischen Kirn und Meisenheim). Etwas südlich vom Dorf befinden sich am Fu-

Abb. 37) Schweinschied, Römerdenkmal

ße des Ringbergs und umgeben von Obststreuwiesen die Reste eines aus dem anstehenden rötlichen Sandstein gehauenen römischen Denkmals. Die figürlichen Reliefszenen des Torsos – das Monument soll ursprünglich ungefähr 8 m hoch gewesen sein – haben durch die Verwitterung arg gelitten (Abb. 37). In der mittleren Nische zeichnet sich das Profil eines Reiters ab, dessen Pferd über einen am Boden liegenden Mann hinwegsetzt, der sich mit einem erhobenen Schild zu schützen versucht. Im rechten Feld ist über einem hochrechteckigen Rahmen ein drachenähnliches Seeungeheuer erkennbar. Die zugehörige Schmalseite zeigt eine Tänzerin und eine trauernde Attis. Als Oberbau einer einst wohl symmetrisch angelegten Komposition werden Bildnisse der oder des Verstorbenen vermutet, dem oder denen dieses Grabmal gewidmet war. Als Entstehungszeit kommt das erste bis zweite nachchristliche Jahrhundert in Betracht. Unterstrichen wird die römische Vergangenheit des Umfeldes von weiteren Bauresten und Gräbern. Unweit des Grabdenkmals wurde ein Viergötterstein mit den Darstellungen von Apollo, Juno, Herkules und Minerva entdeckt (heute im Stadtmuseum Worms).

Römische Felsengräber sind für die Region die Ausnahme. Eher anzutreffen sind Tumuli mit eventuell frei stehenden Monumenten in Straßennähe. Eine solche Situation veranschaulicht ein rekonstruierter Grabhügel bei Siesbach am Sirona-Weg, westlich von Idar-Oberstein. Die Anlage wird von einer Stele bekrönt, auf deren Pinienzapfen sich ein über einen Meter hoher sandsteinerner Adler niedergelassen hat, der in seinen Krallen eine Schlange hält (Original im Landesmuseum Trier). Der kaiserliche Vogel, der in enger Verwandtschaft zu Jupiter zu sehen ist, symbolisiert den Seelenflug

*Abb. 38) Sieb zum Reinigen des Weines von Rückständen; aus einer römischen Villa des 2./3. Jahrhunderts bei Dienstweiler (Landesmuseum Birkenfeld)*

Verstorbener in eine jenseitige Welt. Bei der Ausgrabung der Fundstätte konnten verkohlte Holzreste geborgen werden, die sich dendrochronologisch in die Jahre 174–176 datieren ließen. Ein seltener Fall einer genauen Altersbestimmung für eine Grabstätte. Bei der archäologischen Recherche wurde auch eine Dattel aufgespürt, die ein aussagekräftiges Indiz für die schon erwähnten frühen wirtschaftlichen Beziehungen des entlegenen Hunsrücks mit entfernten mittelmeerischen Regionen ist.

Der Hunsrück, einerseits tiefe Provinz, andererseits auf zivilisatorischer Höhe. Für diese Konstellation liefert Dienstweiler bei Birkenfeld einen aufschlussreichen Beleg. Zum Hausrat eines römischen Gutshofes aus dem zweiten oder dritten nachchristlichen Jahrhundert gehörte ein bronzenes Sieb, das zusammen mit einer Kasserolle dazu diente, den Wein von Rückständen zu säubern. Das kunstvolle Küchengeschirr war normales Inventar damaliger Haushalte (im Landesmuseum Birkenfeld; Abb. 38).

Zirka 26 km südwestlich von Dienstweiler liegt Tholey, in dessen Nähe die Hinterlassenschaft des keltisch-römischen *Vicus* „Wareswald" seit einigen Jahren archäologisch erforscht wird (zirka 2,5 km nordöstlich der Stadt). Er geht auf das erste nachchristliche Jahrhundert zurück. Die Grabungen, die bisher eine Fläche von 2500 m² einbeziehen, haben Fundamente und Keller sowohl von Wirtschaftsbauten als auch von Wohnhäusern erbracht. Zudem ist man auf die Spuren eines Mars-Tempels und eines aufwendig gestalteten Grabmals mit Pfeilerarchitektur gestoßen. Weitere Ergebnisse bleiben abzuwarten.

Insgesamt gesehen, zeichnet sich in der Region von Nahe und Glan ein facettenreiches Bild einstiger römischer Kultur ab. Zweifelsohne sind in den einzelnen Gebieten die Dichte und Qualität der Funde alleine schon aus naturbedingten Gründen unterschiedlich. Nicht zu vergessen sind in der Spätantike externe Einflüsse, wie die Einfälle germanischer Stämme und die dadurch verursachten Wüstungen, die mit keinen Funden post factum aufwarten können, wie dies weitgehend für das Bergland zwischen Nahe und Blies zutrifft. Es spielt aber auch die Forschungssituation eine Rolle; denn nicht alle Gegenden und Orte sind gleichermaßen intensiv untersucht worden. Beispielsweise vermutete man, dass Auen – ein Dorf bei Bad Sobernheim – für die archäologische Fundkarte bedeutungslos sei. Die private Initiative interessierter örtlicher Laien, die etliche Siedlungsnachweise lieferte, bewies aber das Gegenteil.

*Abb. 39) Offenbach-Hundheim, Hirsauer Kirche, römische Spolie im Mauerwerk*

Ob im gebirgigen Westen, an der oberen Nahe, oder im flacheren Osten, an der unteren Nahe, überall gab es Landgüter, *villae rusticae*, die sich mehr oder weniger nach einem Bauprinzip richteten. Dem Betrachter bot sich der Anblick eines rechteckigen oder quadratischen Hauses mit zwei hervortretenden Eckgliedern und einem sie verbindenden Säulentrakt, einer Loggia, die als Eingangshalle diente. Ein Atrium in der Art eines Innenhofes – überdacht oder auch offen je nach Klimazone – bildete das Zentrum. Römische Gutshäuser dieses Bauschemas werden entweder Risalitvilla mit Portikusfront oder *Typ Bollendorf* genannt. Der Name geht auf eine in Bollendorf an der Sauer, dem deutsch-luxemburgischen Grenzfluss, ausgegrabene *villa rustica* zurück.

Will man auf den Spuren römischer Legionäre oder Kaufleute wandern, so bietet sich der erwähnte Sirona-Weg im Birkenfelder Land an, der eine Vielzahl römisch-keltischer Fundstätten und Bodendenkmäler miteinander verbindet. Ein anderer Wanderweg ähnlichen Anspruchs ist eine nach dem Dichter Decimus Magnus Ausonius benannte Wanderstrecke. Die Ausoniusstraße führt von Bingen nach Trier. In Morbach-Wederath, in unmittelbarer Nähe zur Hunsrückhöhenstraße, liegt der Archäologiepark Belginum, ein als Museum zu besichtigender ehemaliger *Vicus*. Das zugehörige große Gräberfeld wurde von der späten Latènezeit bis ins vierte nachchristliche Jahrhundert genutzt.

Fragmenten römischer Bauten begegnet man nicht nur auf historischen Wegen, sondern als Spolien auch in mittelalterlichen Kirchen, in deren Mauerwerk mancher Stein antiken Ursprungs eingefügt wurde. Dies trifft etwa auf die sogenannte Wolfskirche in Bosenbach, die evangelische Kirche in Breitenbach, die

Hirsauer Kirche bei Offenbach-Hundheim oder auf die Kirche in Medard zu. Es handelt sich um figürliche Darstellungen und um Steine mit rein ornamentalen Mustern (Abb. 39). Offenbar wurden römische Ruinen als Steinbrüche ausgebeutet, und umherliegendes Material wurde zweitverwendet. Manche Kirche erhebt sich auf römischen Fundamenten oder wurde in deren Reste hineingebaut, wie dies beispielsweise bei der abgelegenen Kapelle Heiligenbösch etwas südöstlich des höchsten Hunsrückberges, dem Erbeskopf, der Fall ist. Gut sichtbar ist eine solche Verbindung mit einem antiken Untergrund in Boos bei Bad Sobernheim. Die auf ihm entstandene Kirche (Abb. 40) steht auf römischen Mauern, die einst zu einer *villa rustica* gehörten. Ihr Kryptoportikus ist heute museal begehbar. Auch die Basilika St. Martin in Bingen hatte, wie sich bei Grabungen herausstellte, einen römischen Vorgängerbau, nämlich einen Merkurtempel. Im Kircheninneren befindet sich ein Grabstein, der aus der Spätantike stammt und vermutlich in die Endphase des dortigen Römerkastells einzuordnen ist. Dabei ist zu berücksichtigen, dass die Franken Mitte des 5. Jahrhunderts oder kurz danach Bingen einnahmen. Die Datierungen der Grabplatte, die sich in erster Linie auf die Schriftart und in zweiter auf die Deutung einer eingeritzten symbolhaften Zeichnung beziehen, schwanken zwischen dem 4./5. und 5./6. Jahrhundert. Die lateinische Inschrift weist auf einen Presbyter namens Aetherius und seinen christlichen Lebenswandel hin (Abb. 41). Es ist davon auszugehen, dass dies das früheste schriftliche Zeugnis für die Ausbreitung des Christentums in Obergermanien ist.

Auf das frühe Christentum deutet möglicherweise auch die sogenannte Felseneremitage oder Antoniusklause in Bret-

*Abb. 40) Boos, evangelische Kirche, davor die ausgegrabenen Reste einer römischen Villa*

*Abb. 41) Bingen, Basilika St. Martin, Grabstein des Presbyters Aetherius*

zenheim an der unteren Nahe hin, die vermutlich sogar vorzeitlichen Ursprungs ist und unter neuen Vorzeichen weiter genutzt worden sein mag. Die historische Überlieferung dieser in den Sandsteinfelsen gehauenen Behausung reicht indes nur bis in das mittlere 11. Jahrhundert. Die Anlage war bis in das erste Drittel des 18. Jahrhunderts bewohnt.

## Mittelalter

### Romanik

Architektonische Überlieferungen sind erst ab dem 11./12. Jahrhundert im Kirchen- wie im Burgenbau wieder greifbar. Die erhaltenen Kirchen der früheren Benediktinerklöster Sponheim und Offenbach am Glan sind die bedeutendsten mittelalterlichen Sakralbauten der Region. Die Ruine des Klosters Disibodenberg erlaubt nur wenige Rückschlüsse auf eine frühere künstlerische Gestaltung. Der einstige Reichtum an romanischen Kirchen lässt sich anhand von Baugliedern nachvollziehen, die in gotischen Nachfolgebauten aufgegangen sind. In etlichen Fällen belegen romanische Kirchtürme, hin und wieder auch Apsiden oder Arkaden im Kircheninneren die frühere Dichte mittelalterlicher Bauten. Naheabwärts sind zu nennen: die erwähnte kleine Kirche in Heiligenbösch, deren Turm romanische Schallarkaden aufweist; Niederbrombach – ursprünglich eine dreischiffige Basilika mit Resten der ersten Bauperiode (Westturm, nördliches Seitenschiff mit Rundbogenarkaden); die unteren Geschosse des Turms der evangelischen Kirche St. Pankratius in Kirn, das Dach

*Abb. 42) Meddersheim, evangelische Kirche*

*Abb. 43) Niederhausen, evangelische Pfarrkirche*

in der im weiteren Rheinland verbreiteten Rhombengestalt; Monzingen, evangelische Pfarrkirche – Rundbogenfries am nördlichen Seitenschiff; Auen bei Monzingen – die älteren Mauerpartien der Gehinkirche, deren Bau mit dem Mainzer Erzbischof Willigis (975–1011) in Verbindung gebracht wird; Meddersheim – Rundbogenfries und kleines Rundbogenfenster am ersten Turmgeschoss (Abb. 42); Bad Sobernheim – evangelische Kirche St. Matthias mit Turm an der Nordseite, als „Willigis-Turm" auf das Mainzer Erbe hinweisend, im Untergeschoss romanische Reste, darüber Nachbau (Abb. 44); Boos – evangelische Kirche mit romanischem Westturm (Abb. 40); Niederhausen – Kirche mit romanischem Langhaus und Chorbogen, der Turm im Kern auch 12. Jahrhundert (Abb. 43 und 53); Pfaffen-Schwabenheim, ehemalige Stiftskirche – ihr dreigeschossiger Chor mit Zwerggalerie und von Rundtürmen flankiert, ein Höhepunkt spätromanischer Gestaltung (Abb. 76–77); Münster-Sarmsheim, katholische Pfarrkirche St. Peter und Paul – drei der vier Geschosse des Westturms mit Ecklisenen, Rundbogenfriesen und gekuppelten Schallarkaden symmetrisch gegliedert (Abb. 45); Waldlaubersheim – ebenfalls ein romanischer Chorturm mit Ecklisenen, Rundbogenfriesen und Schallarkaden (Abb. 46), be-

*Abb. 44) Bad Sobernheim, St.-Matthiaskirche*

*Abb. 45) Münster-Sarmsheim, katholische Pfarrkirche St. Peter und Paul (rechts oben)*

*Abb. 46) Waldlaubersheim, evangelische Pfarrkirche (oben)*

*Abb. 47) Waldlaubersheim, evangelische Pfarrkirche (rechts unten)*

krönt von einem hohen, gotischen Turmhelm mit Ecktürmchen (Abb. 47); zu guter Letzt St. Martin in Bingen – die Krypta aus der ersten Hälfte des 11. Jahrhunderts, die sich unter den beiden Chorjochen befindet (Abb. 48). Die Säulen tragen Würfelkapitelle.

Kirchen mit Fragmenten romanischer Gestaltung finden sich auch am Glan. In exponierter Lage auf einem Bergrücken zeigt sich die ehemalige Klosterkirche St. Remigius bei Haschbach, unweit von Kusel. Ihr gegenüber erhebt sich auf einer weiteren Bergkuppe die Ruine der Michelsburg. Sie war Sitz der Grafen von Veldenz, welche die Vogtei über das sogenannte Remigiusland innehatten. Der Name weist auf Reims und eine frühe territoriale Zugehörigkeit zu diesem Bischofsstuhl hin, die bis zur Einführung der Reformation bestand. Die Kargheit des in seinen ersten zwei Dritteln nur andeutungsweise befensterten Turms der weithin sichtbaren Remigiuskirche – sie wurde in der ersten Hälfte des 12. Jahrhunderts gegründet – ist für diese Region zeittypisch. Nur die Kapitelle der gekuppelten Schallarkaden deuten eine romanische Gestaltung an (Abb. 49). Die barocke Haube verwischt allerdings den sonst vorherrschenden Eindruck des Spartanischen. Die aus der Erbauungszeit erhaltenen ersten Joche des Mittelschiffs der ehemaligen Pfeilerbasilika sind flachgedeckt. Um 1300 wurde St. Remigius umgreifend umgebaut. Weiter glanabwärts stößt man in Glanbrücken-Niedereisenbach auf eine kleine Kirche mit einem ausgesprochen wuchtigen Turm, dessen Zwillingsschallarkaden oder Biforien auf das 13. Jahrhundert hindeuten (Abb. 50). Auch die Hirsauer Kirche bei Offenbach-Hundheim, die laut einer früheren Jahreszahl 1106 gegründet worden sein soll, fügt sich in das Bild der schlichten Turmbauten ein. Im Gegensatz zur Remigiuskirche zeigt sich hier ein ursprünglicher Dreiecksgiebel mit Satteldach (Abb. 51). Das große Maßwerkfenster im Erdgeschoss des Turms, der einen kleinen Rechteckchor umfasst, ist frühgotisch. Einen ähnlichen romanischen Turm besitzt die evangelische Pfarrkirche in Medard, der ebenfalls nur spärlich durch Simsgurte unter und über den Schallarkaden gegliedert ist. Im Unterschied zu den Chortürmen der Hirsauer Kirche oder von Glanbrücken-Eisenbach handelt es sich in Medard um einen vor dem Langhaus stehenden Westturm.

Etliche der genannten Bauten sind als frühere Wehranlagen anzusprechen, ein Kirchentyp, der in der Pfalz häufiger vorkommt. Befestigte Kirchen, vorzugsweise ihre Türme, die den Bergfrieden der Burgen gleichzusetzen sind, galten damals als Zufluchtsorte. Ein in dieser Hin-

*Abb. 48) Bingen, Basilika St. Martin, Krypta*

*Abb. 49) Haschbach, ehemalige Benediktinerpropstei auf dem Remigiusberg (Mitte)*

*Abb. 50) Glanbrücken-Niedereisenbach, evangelische Kirche (unten)*

sicht besonders frühes Beispiel befindet sich in Bad Münster am Stein-Ebernburg. Der Turm dieser Kirche aus der Zeit um 1300 wirkt wie hermetisch verschlossen (Abb. 52). Bei dem oberen Geschoss mit den schon gotisch geprägten Zwillingsfenstern und der Dachpyramide kann man von einer späteren Aufstockung, vielleicht des 14. Jahrhunderts, ausgehen. Solche Erhöhungen, auch ähnliche Neubauten, sind unter anderem im Zusammenhang mit den kriegerischen Auseinandersetzungen zu sehen, die Kurfürst Friedrich I. von der Pfalz (1451–1476) – sein Beiname ist „der Siegreiche" – mit seinen Nachbarn ausfocht. Darauf deuten mehrere Kirchendatierungen des späten 15. und frühen 16. Jahrhunderts hin. Genaueres lässt sich hierzu aber erst auf der Grundlage präziser

*Abb. 54) Löllbach, evangelische Pfarrkirche*

dendrochronologischer Bestimmungen sagen. Bei manchen Kirchtürmen reichen die Giebel der Satteldächer – Schildgiebel – über die Dachlinie und verstärken auf diese Weise den trutzigen Eindruck. Der Turm von Niederhausen demonstriert dies etwa (Abb. 43 und 53). Es ist aber nicht immer klar zu erkennen, ob es sich um eine tatsächliche oder um eine symbolische Wehrhaftigkeit handelt, die den Betrachter einnehmen sollte – Architektur als abschreckende Gestik. Wie in Bad Münster-Ebernburg ist auch der im Kern romanische Turm der Kirche in Löllbach, ungefähr 9 km südwestlich von Meisenheim, vermutlich um 1500 oder etwas später aufgestockt worden. Fensterstürze mit Kielbögen legen dies nahe (Abb. 54). Der Turmabschluss tradiert indes das altvertraute Bild der hochgezogenen schildgleichen Giebel. Noch deutlicher führt der mit Zinnen besetzte Westturm der Kirche in Rehborn am Glan eine Wehrhaftigkeit vor Augen (Abb. 55). Die spätgotischen Fenster sprechen für die zweite Hälfte des 15. Jahrhunderts. Auch in diesem Fall wäre eine genaue Datierung wünschenswert. Vielleicht zeitigt eine Bauuntersuchung, welche die vom Putz verdeckten Mauern einbezieht, detaillierte Ergebnisse, die eventuell sogar in eine frühere Epoche

*Seite 44:*

*Abb. 51) Offenbach-Hundheim, Hirsauer Kirche (oben)*

*Abb. 52) Bad Münster am Stein-Ebernburg, evangelische Kirche (unten links)*

*Abb. 53) Niederhausen, evangelische Pfarrkirche (unten rechts)*

Abb. 55) Rehborn, evangelische Pfarrkirche

Abb. 56) Bad Sobernheim, St.-Matthiaskirche

weisen. Festzuhalten ist jedenfalls, dass das Erbe der besonders markanten Westtürme mit wehrhaften Anklängen bis in das frühe 16. Jahrhundert lebendig geblieben ist. Gewisse Anklänge dieser Art zeigt auch die Matthiaskirche in Bad Sobernheim, deren Turmhelm von einer gotischen Maßwerkbrüstung umgeben ist, die aber eher als eine Dekoration zu werten ist (Abb. 56). Der Turm wurde zwischen 1500 und 1503 errichtet. Erfreulicherweise ist der Vertrag zwischen der Stadt Sobernheim und dem Werkmeister, dem Baumeister Peter Ruben aus Meisenheim, erhalten, der diesen Bau entworfen und ausgeführt hat. Wohlgemerkt, der Auftraggeber war die bürgerliche Gemeinde und nicht die Pfarrei; denn der Bau von Kirchtürmen oblag häufig dem Bürgertum. Wenn man bedenkt, wie gering die Einwohnerzahl des Städtchens Sobernheim war, so ist dies eine enorme, auch finanzielle Leistung. Aus den Jahren um 1500 sind keine Bevölkerungszahlen bekannt, erst für das frühe 17. Jahrhundert. Man geht von zirka 800 Einwohnern aus.

Kommen wir nach diesem Überblick über die vielfältigen Erscheinungen der romanisch geprägten Sakralarchitektur zu ihren wichtigsten Vertretern, den früheren Klosterkirchen Sponheim und Offenbach am Glan, der Stiftskirche Pfaffen-Schwabenheim sowie der Klosterruine Disibodenberg auf einem mit ihr identischen Bergrücken. Diese Lage oberhalb der Mündung des Glans in die Nahe – schon in gallo-römischer Zeit eine Kultstätte – führt zu dem legendären irischen Mönch und Einsiedler Disibod hin, auf den sich die Gründungsgeschichte eines Klosters beruft, das zunächst Klause, später, ab 1095, benediktinisch und schließlich, ab 1259, zisterziensisch war, bis es 1559 aufgehoben wurde. Innerhalb der weitflächigen Rui-

*Odernheim, Klosterruine Disibodenberg*

*Abb. 57) Apsis des südlichen Querhausarmes*

*Abb. 58) Giebel des Refektoriums*

*Abb. 59) Grundriss*

nenlandschaft lassen sich anhand der archäologisch ergrabenen Grundrisse die Lage der einzelnen Klosterbauten des Disibodenbergs und ihre Zeitphasen ablesen (Abb. 57–60). Die zwischen 1108 und 1143 errichtete Kirche war eine dreischiffige Pfeilerbasilika mit Vierung, Querhaus, einem apsidial gerundeten Hauptchor und rechteckig abgeschlossenen Seitenchören. Das Querhaus besaß ebenfalls nach Osten orientierte Apsiden halbkreisförmigen Zuschnitts mit reichlich profilierten Sockeln (Abb. 57). Ablesbar sind die Ansätze der aufsteigenden Lisenen. Aufgefundene Fragmente der oberen Bereiche erlauben Rück-

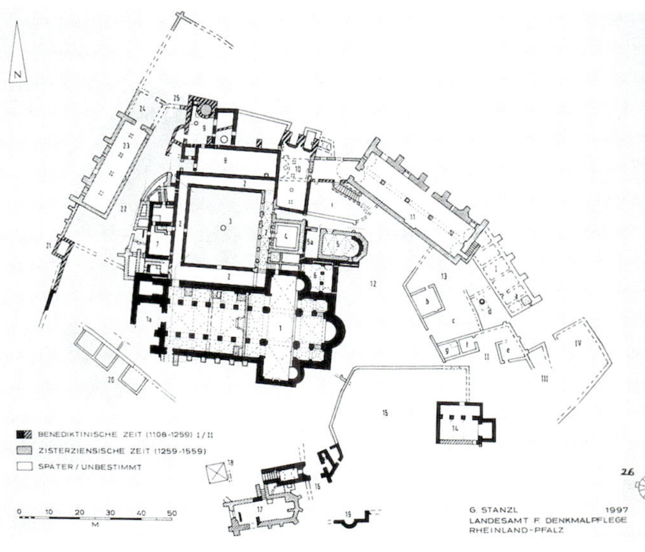


| | | | |
|---|---|---|---|
| | Abteikirche | 13d | Filterzisterne |
| | Kreuzgang | 14 | Friedhofskapelle |
| | – | 15 | Mönchsfriedhof |
| | Kapitelsaal Armarium | 16 | Klosterpforte |
| | Marienkapelle | 17 | Laienkapelle |
| | Sakristei | 18 | – |
| | Laientrakt? | 19 | – |
| | Refektorium/Keller | 20 | Frauenklause? |
| | Küche/Backstube | 21 | – |
| 0 | Mönchssaal/Dormitorium | 22 | – |
| 1 | Abteibau | 23 | Konversenbau/Hospiz |
| 2 | – | 24 | – |
| 3 | Ökonomiebereich/ Werkstätten | 25 | Nordpforte |
| | | 26 | Hildegardkapelle |

*Abb. 60) Odernheim, Klosterruine Disibodenberg, Grabplatte zweier Äbte von 1403/04*

schlüsse auf Rundbogen- und Schachbrettfriese. Anhand historischer Darstellungen ist ein Vierungsturm nachgewiesen. Weitere Türme sind nicht bekannt. Nördlich der Kirche sind die Reste des Kreuzgangs und des Kapitelsaales sichtbar. Vom Refektorium und Hospiz steht noch einiges an Mauerwerk (Abb. 59). Sichergestellt wurde eine Reihe von Grabplatten, von denen eine 1403/04 datierte mit zwei Abtskrümmen geschmückt ist – ein Hinweis auf die aufeinanderfolgenden Amtszeiten zweier Äbte (Abb. 60). Kunsthistorisch steht der benediktinische Ausbau des Disibodenbergs in einer Traditionslinie mit dem Kloster Hirsau im nördlichen Schwarzwald, das seinerseits vom burgundischen Cluny entscheidende Impulse erhielt. Heute gilt die Klosterruine über der Nahe vor allem als ein spiritueller Ort, der im engen Zusammenhang mit dem Wirken der Benediktinerin und Seherin Hildegard von Bingen steht. Sie verbrachte im ersten Drittel des 12. Jahrhunderts mehrere Jahre auf dem Disibodenberg, gründete um 1150 mit einigen Gefährtinnen zunächst das Kloster Rupertsberg bei Bingen und übernahm zudem 1165 das Kloster Eibingen im Rheingau. Zum Andenken an Hildegard wurde 1997 auf der Südseite des Disibodenbergs, unmittelbar über dem Weinberg, eine ihr gewidmete moderne Kapelle errichtet, von der man einen weiten Blick in das Tal von Nahe und Glan hat.

Hildegard von Bingen lebte in jener Epoche, als die Grafen von Sponheim eines der mächtigsten Geschlechter auf dem Hunsrück und an der unteren Nahe waren. Die Kirche ihres früheren Klosters Sponheim und die Ruine von Burgsponheim legen Zeugnis von dieser Machtposition ab. Die herausgehobene Berglage der früheren Benediktinerabtei verrät einen Sinn für landschaftliches Gespür. Die optische Wirkung muss einst, als die Kirche und ihr bauliches Ambiente vollständig erhalten waren, noch beeindruckender gewesen sein (Abb. 61–68). Verloren gegangen ist das oberste Geschoss des Vierungsturms, der nach einem Brand im Jahr 1707 eine welsche Haube als Abschluss erhielt. Die westlichen Joche des Langhauses sind offensichtlich nie ausgeführt worden. Die Kirche wurde in diesem Bereich, aus welchem Grund auch immer (?), behelfsmäßig abgemauert, wie es auch archäologische Grabungen bestätigt haben. Diese Maßnahme des Langhausabschlusses hat jedenfalls für die Raum-

*Abb. 62) Sponheim, ehemalige Benediktinerklosterkirche, Vierungsturm*

*Abb. 63) Sponheim, ehemalige Benediktinerklosterkirche, Bauschmuck an der Südostecke des Chors*

wirkung einen entscheidenden Einfluss; denn es ergibt sich der Eindruck eines Zentralbaues, dessen Maßstab die Vierung ist. Aufgrund von Erkenntnissen der Architekturgeschichte lassen sich mehrere Bauperioden unterscheiden. Aus der ersten, an deren Ende die Altarweihe von 1125 steht, stammen weitgehend die Hauptapsis sowie die unteren Bereiche der Nebenapsiden und des Querhauses. Verantwortlich für den zweiten Bauabschnitt war ein Brand im Jahr 1156, dem der fast fertiggestellte Bau zum Opfer fiel. Man musste von vorne beginnen. Dieser Phase gehört auch der äußere Bauschmuck an, wie der reliefierte Adler an der Südostecke des Chors (Abb. 63). Die dritte Periode wird mit den Jahren 1230–1235 angesetzt. Ihr sind die

*Abb. 61) Sponheim, ehemalige Benediktinerklosterkirche, Gesamtansicht von Nordosten*

*Abb. 64) Sponheim, ehemalige Benediktinerklosterkirche, Gewölbe des Vierungsturms*

Einwölbung der bisher flachen Decke und der Aufbau der Querhausgiebel wie des Vierungsturms zuzurechnen, dessen Schallarkaden besonders deutlich die Vereinigung spätromanischer mit frühgotischen Formen zeigen (Abb. 62). Diese stilistische Verknüpfung tritt im Inneren noch klarer hervor, beispielsweise bei einem Vergleich der Apsidenbögen mit den Vierungsbögen (Abb. 65). Der Bauschmuck hält sich eher an tradierte Formen, so eine Konsole mit einem Adler und seinem Jungen in der Ostecke des Langhauses (Abb. 66). Im Inneren

Sponheim, ehemalige Benediktinerklosterkirche

Abb. 65) Blick nach Osten

Abb. 66) Kapitell, Adler mit Jungem in der Ostecke des Langhauses

hat der achteckige Vierungsturm (Abb. 64) auf der Höhe der Vierungsbögen klotzartige Konsolen bewahrt, die in diesem Bereich unmotiviert wirken und als Unterlagen einer ursprünglichen flachen Decke interpretiert werden. Ein seltenes mittelalterliches Bauzeugnis ist der in der Hauptapsis erhaltene Bodenbelag aus Tonfliesen, die entweder einfach verlegt sind oder mosaikartig verschiedene geometrische Muster beschreiben (Abb. 67). Ein Teil eines ähnlichen und gleichalten Bodens ist übrigens bei Bauarbeiten in der evangelischen Kirche in Becherbach bei Kirn in den 1970er Jahren zutage getreten. Am Rande sei erwähnt, dass das Kloster Sponheim lange Zeit die Wirkungsstätte von Johannes Trithemius (1482–1516) war, der als dortiger Abt und gelehrter Humanist eine berühmte Bibliothek unterhielt. Trithemius' Ruf als Historiker ist allerdings auf-

Abb. 68) Grundriss der ehemaligen Klosterkirche

Abb. 67) Schmuckfußboden in der nördlichen Nebenapsis

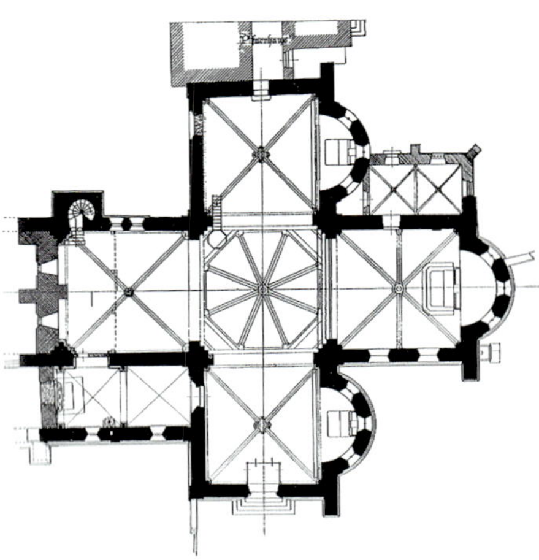

grund mehrerer Klitterungen in seinen Arbeiten höchst zweifelhaft.
Auch die ehemalige Propsteikirche in Offenbach-Hundheim ist in mehreren Bauetappen entstanden. Gemeinsam mit Sponheim sind außer der Mauerungstechnik als Quaderbau und die Sichtbarkeit des Steins wesentliche Züge des Grundrisses die Dreischiffigkeit, die deutlich ausgewiesene Vierung, das Querhaus und die dreifache Anlage von Apsiden. In Offenbach dominiert die mittlere deutlich die seitlichen. Im Gegensatz zu Sponheim stützen zum Teil abgestuf-

*Abb. 69) Offenbach-Hundheim, ehemalige Propsteikirche*

Offenbach-Hundheim, ehemalige Propsteikirche

Abb. 71) Gewölbekuppel über der Vierung (links oben)

Abb. 72) Drachenkapitelle (rechts oben)

Abb. 73) Knospenkapitelle (rechts unten)

Abb. 74) Lamm Gottes im Bogenfeld des Nordportals (links unten)

te Strebepfeiler die Mauern. Die früheste Nachricht einer Kirchengründung ist für 1150 überliefert, als ein einheimischer Ritter einen Teil seines Vermögens dem Kloster St. Vincenz in Metz stiftete, das in Offenbach begütert war. Die weitere Datenlage ist so dürftig, dass sie kaum die Baugeschichte unterstützt. Man ist daher nach der Methode kunsthistorischer Hermeneutik auf den stilistischen Vergleich mit ähnlichen zeitnahen rheinischen, süddeutschen, lothringischen und auch burgundischen Bauten am Übergang der späten Romanik zur frühen Gotik angewiesen. So ergibt sich eine Zeitstellung zwischen etwa 1225 und 1300 (Abb. 69–75). Ältester Teil sind die Apsiden mit dem Vorchor (Abb. 69 und 70). Zeitlich schließt sich die Vierung mit ihren imposanten Bündelpfeilern und den Querhausarmen an (um 1250). Ungefähr gleichalt sind die noch romanischen Drachenkapitelle an den Chor- und Apsisbögen (Abb. 72) und die schon gotischen Knospenkapitelle (Abb. 73). Die Kreuzarme gehören einer mittleren Bauphase an, um 1240. Das Lamm Gottes, das den inneren Giebelbogen des schmalen Nordportals einnimmt, ist wie dieser ehemalige Zutritt zum Kreuzgang wohl erst gegen 1300 geschaffen worden (Abb. 74). Für diese Zeit sprechen auch die Formen des vierbahnigen Fensters im Bereich darüber, das sich auf-

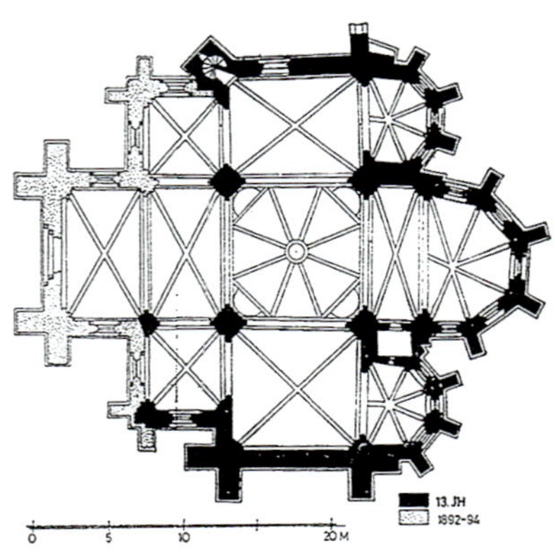


Abb. 75) Grundriss

Seite 53: Abb. 70) Blick zum Altar

grund seiner reicheren Gestaltung deutlich von den älteren im Apsidenbereich unterscheidet. Jüngstes Bauglied der elementaren Architektur ist die achtseitige, mit Maßwerkfenstern ausgestattete Kuppel über der Vierung. Da das einst aus drei Rechteckjochen bestehende Langhaus nur noch ansatzweise erhalten ist – es wurde Anfang des 19. Jahrhunderts abgebrochen und nach schließlicher Anerkenntnis des kulturhistorischen Wertes der Kirche verkürzt wieder aufgebaut – ergibt sich wie auch in Sponheim der fälschliche Eindruck eines Zentralbaues. Dennoch vermag die einstige Propsteikirche auch heute noch mit ihrer räumlichen Ausgewogenheit und der Harmonie ihrer Formen zu überzeugen.

Offenbach und Sponheim lenken den Blick auf das ehemalige Chorherrenstift Pfaffen-Schwabenheim zwischen Bad Kreuznach und Bingen (Abb. 76–77). Den einfachen barocken Saalbau der dortigen katholischen Kirche beschließt ein aus rötlichen Sandsteinquadern gefügter spätromanischer Chor, der wie der Rest einer Vorgängeranlage wirkt und dessen Chorbogen neben dem barocken Hauptaltar erhalten ist (Abb. 77). Über ein älteres Langhaus ist aber nichts bekannt. Als Bauzeit ist das mittlere 13. Jahrhundert anzunehmen. 1566 wurde das Stift säkularisiert und 1699 im Zuge der Rekatholisierungsaktivitäten in der Kurpfalz wieder eingerichtet. Der romanische Chor hat einen quadratischen Grundriss, der in einer fünfeckigen Apsis mit runden Flankierungstürmen endet. Die reichliche Wandgliederung wird von Lisenen, die sich mit Rundbogenfriesen verbinden, und von Pfeilervorlagen, die ein stark profiliertes Traufgesims unterfangen, bestimmt. Die Fenster an der Apsis sind rundbogig, ihre Stürze werden von parallel geführten Gesimsen begleitet. Die seitlichen Fenster laufen dagegen spitzbogig aus. Eine mit doppelten Säulchen bestückte Zwergga-

*Abb. 76) Pfaffen-Schwabenheim, ehemaliges Chorherrenstift, Kirche mit romanischem Chor und den ehemaligen barocken Abteigebäuden*

lerie verleiht der Apsis eine besondere Plastizität. Noch deutlicher als in Offenbach vereinigen sich in Pfaffen-Schwabenheim künstlerische Anregungen aus anderen Landschaften. Auf nieder- oder mittelrheinische Impulse gehen beispielsweise die Flankierungstürme und der Polygonalchor zurück; als oberrheinisch gilt die Gliederung mit Rundbogenfriesen; auf französische Vorbilder werden die Begleitgesimse der Fensterbögen in der Apsismitte zurückgeführt. In den Kapitellen leben schließlich Formen aus Offenbach fort. Pfaffen-Schwabenheim verkörpert somit in beispielhafter Weise die spätromanische Baukunst an der Nahe und am Glan, die Anstöße aus der Ferne wie aus der Nähe zu einer eigenen Einheit zu verschmelzen wusste. Die Architekten und Steinmetzen verfügten augenscheinlich über große Kenntnisse eines weiten Baugeschehens.

Was den figürlichen Schmuck aus der frühen Zeit der hier vorgestellten Kirchen anbelangt, so muss man sich leider bescheiden. Zwar sind zwei Apostelfiguren vom ehemaligen Offenbacher Westportal erhalten, die in der Vorhalle der benachbarten katholischen Kirche aufgestellt sind. Sie vermitteln indes nur einen schwachen Eindruck damaliger Bildhauerkunst. Auch die erhaltenen Grabplatten, die in Böden und Mauern von Kirchen eingelassen sind und an den einen oder anderen Veldenzer oder Sponheimer Grafen, Rhein- und Wildgrafen oder Abt erinnern, helfen hier nicht weiter, denn sie gehen nicht über das mittlere 14. Jahrhundert hinaus (Abb. 13, 60 und 114–115). Für Kunstwerke der Malerei gibt es keine Hinweise.

*Abb. 77) Pfaffen-Schwabenheim, Kirche des ehemaligen Chorherrenstiftes, Blick nach Osten mit dem Rest des romanischen Chorbogens*

## Gotik

*Kirchenbau*

Offenbach, Sponheim und Pfaffen-Schwabenheim sind Beispiele für den fließenden Übergang der Romanik in die Gotik. Der Bau, der eine geänderte Lebenshaltung und damit einen neuen Stil am ehesten verkörpert, ist allerdings die frühere Templerkapelle im heutigen Hof Iben bei Fürfeld – eine abgelegene, kleine Siedlung im Tal des Appelbachs, der bei Bretzenheim in die Nahe mündet. Man befindet sich hier bereits im rheinhessischen Hügelland. In dieser Gegend unterhielt der Orden der Templer eine Komturei mit Wasserburg. Zu ihr gehörte die um 1240 als Quaderbau errichtete Kapelle, von der nur ein Torso geblieben ist (Abb. 24 und 78–80). Das romanische Langhaus wurde im 19. Jahrhundert abgebrochen. Erhalten sind ab dem abgemauerten Triumphbogen ein Vorjoch und der polygonale Chor mit Fünfachtelschluss. Darüber erhebt sich als Dachreiter eine offene, achteckige Laterne mit steiler Pyramide. Bei den Chorfenstern handelt es sich um zweibahnige Lanzettbögen, deren Spitzen einen Ring unterfangen. Die Fensterstäbe sind profiliert und mit zierlichen Blattkapitellen geschmückt, wie sie in größerer Ausführung auch an den Diensten im Chorinneren anzutreffen sind (Abb. 24 und 79). Plastisch hervorgehobenes Laubwerk ziert zudem das Traufgesims des Chors (Abb. 80). Frühgotische Formen ähnlicher Art sind von der Liebfrauenkirche in Trier, um 1235 bis vor 1243, oder der Elisabethkirche in Marburg, 1235–1248, überliefert. Diese Bauten sind die bekannteren deutschen Beispiele, die als erste die französische Kathedralgotik aufgreifen und sie weiter vermitteln. Von Iben lässt sich eine Verbindung nach Mainz herstellen, für dessen Dom der wahrscheinlich in Frankreich geschulte „Naumburger Meister" um 1240 einen Lettner geschaffen hatte, der Ende des 17. Jahrhunderts abgebrochen wurde. Die Formen der Kapitellfragmente dieses Lettners zeigen Ähnlichkeiten mit den Arbeiten in Iben. Die Templerkapelle ist für das mittlere 13. Jahrhundert eine Einzelerscheinung in der Region. Weitere gotische Bauten wurden in den nächsten Jahrzehnten nicht errichtet. Erst Ende des 13., Anfang des 14. Jahrhunderts sollte mit dem Auftreten der Bettelorden Bewegung in das Baugeschehen kommen. Das gräfliche Haus Sponheim übergab 1281 den Karmelitern eine St. Nikolaus ge-

*Fürfeld, Hof Iben, ehemalige Burg- oder Templerkapelle*

*Abb. 78) Chor, Traufgesims mit Laubdekor*

*Abb. 79) Laubkapitell*

weihte Kirche in Kreuznach, die sie in den folgenden Jahren um- oder eher neubauten. Die Altarweihe war 1308. Es entstand eine der typischen turmlosen, nur mit einem Dachreiter ausgestatteten Bettelhauskirchen mit einem Chor als Fünfachtelschluss (Abb. 81–82). Diese bewusste Schlichtheit ist allerdings im späten 19. Jahrhundert verlorengegangen, als man die in eine Pfarrkirche umgewandelte Klosterkirche mit einem Glockenturm ausstattete und dabei auch manche Änderungen in der äußeren Erscheinung vornahm. Die Kirche ist dreischiffig angelegt und besitzt kein Querhaus. Mächtige Rundpfeiler, von deren kapitellartigen Abdeckplatten die Dienste aufsteigen, begrenzen das Mittelschiff, das merkwürdigerweise in einen breiteren Chor übergeht. Laut Bauuntersuchung stammt die Einwölbung nicht aus dem frühen 14. Jahrhundert, sondern wurde erst 1432 durchgeführt, was mit finanziellen Engpässen erklärt wird. In die Mauer des Chors sind figürliche Grabplatten eingelassen, darunter auch solche der Grafen von Sponheim (Abb. 13) – ein Hinweis für den einstigen hohen Stellenwert dieser Kirche. Das Kloster, zu dem sie gehörte, wurde 1565 aufgelöst. Karmeliterpatres kehrten 1623, nachdem die kaiserliche Oberherrschaft die Religionspolitik revidiert hatte, zurück, mussten 1632 unter schwedischem Druck erneut weichen und waren 1636 wieder vor Ort. Inzwischen hatten die Lutheraner die Kirche in Besitz genommen, die schließlich bis 1688 simultan genutzt wurde. Danach – das katholische Haus Pfalz-Neuburg regierte ab 1685 – herrschten unter Mithilfe der französischen Besatzung endgültig die katholischen Vorzeichen vor. Im 18. Jahrhundert erhielt St. Nikolaus eine barocke Ausstattung, die im 19. weitgehend zugunsten der noch heute vorhandenen historistischen ausgetauscht wurde. Die Stürme der Zeit hat ein silbernes, teils vergoldetes mittelalterliches Kreuzreliquiar überstanden, das man in den nachreformatorischen Wirren in Köln oder Mainz (?) in Sicherheit gebracht hatte und Ende des 17. Jahrhunderts in die nun wieder katholische Kirche zurückbrachte. Sieht man St. Nikolaus' wenig veränderte innere Architektur, so ist immer noch der ursprüngliche Charakter aus der Zeit um 1400

*Abb. 80) Fürfeld, Hof Iben, ehemalige Burg- oder Templerkapelle, Chor*

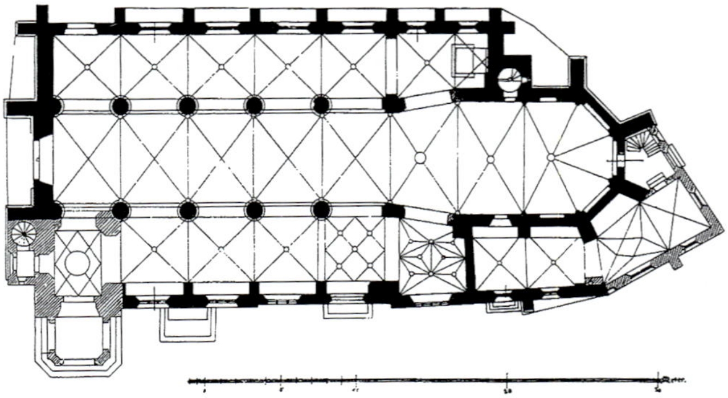

Abb. 82) Bad Kreuznach, Grundriss von St. Nikolaus

Seite 59
Abb. 81) Bad Kreuznach, katholische Pfarrkirche St. Nikolaus, ehem. Karmeliterkirche

Abb. 83) Bad Kreuznach, evangelische Pauluskirche

zu erkennen. Bezüge zu pfälzischen Kirchen – etwa zur Stiftskirche in Landau – werden deutlich, wie es die kunstgeschichtliche Forschung/Literatur betont. Bad Kreuznachs zweite bedeutende Kirche mittelalterlichen Ursprungs, die evangelische Pauluskirche, erhebt sich auf dem „Wörth", einer Insel der Nahe unterhalb der Kauzenburg unweit der Nahebrücke, die Alt- und Neustadt miteinander verbindet (Abb. 83). Der alte Name Marienwörth erinnert an die frühe Zeit der Kirche. Sie wurde 1332 geweiht und 1688 im Pfälzischen Erbfolgekrieg bei der Einnahme der Stadt durch französische Truppen, die auch die Kauzenburg niederlegten, weitgehend zerstört. Erhalten blieben das Querhaus und der gotische Chor mit

Abb. 85) Hochstetten-Dhaun, St. Johannisberg, ehemalige Stiftskirche, Seitenportal

Abb. 84) Hochstetten-Dhaun, St. Johannisberg, ehemalige Stiftskirche

seinen vier- und dreibahnigen Maßwerkfenstern, deren Couronnements von einzelnen oder gruppenweise verbundenen Vierpässen geschmückt wird – eine konsequente Fortführung der Formen, wie sie die Templerkapelle im Hof Iben zeigt. Ähnliche Maßwerkformen wie an St. Paulus finden sich an zeitgleichen mittelrheinischen Kirchen. Im 18. Jahrhundert komplettierte man den Kreuznacher Kirchentorso durch einen barocken Neubau mit Turm. Von der damals erneuerten Ausstattung sind vor allem der reich intarsierte Altar und die ebenfalls aufwendig gestaltete Kanzel, beide von 1777, erwähnenswert.

Mancher gotische Bau mag wie die Pauluskirche in Bad Kreuznach im ersten Viertel des 14. Jahrhunderts gegründet worden sein, möglicherweise auch einige Jahrzehnte früher als St. Nikolaus oder wie St. Johann Baptist in St. Johannisberg (Ortsteil von Hochstetten-Dhaun) – 1318 zur Stiftskirche erhoben. Die Gestaltung der frühen Zeit ist später aber oft so sehr verwischt worden, dass sie nur noch spurenweise wahrzunehmen ist, so in St. Johannisberg nur an der Ostseite mit dem kleinen Portal (Abb. 84–85).

Klarere Verhältnisse zeigen sich erst in der zweiten Hälfte des 15. und am Beginn des 16. Jahrhunderts. In der westlichen Region, am Oberlauf der Nahe, verdient die evangelische Kirche in Niederbrombach Beachtung, die damals in eine zweischiffige, gewölbte Halle umgewandelt wurde (Abb. 213). Die Gestalt der Felsenkirche in Idar-Oberstein geht auf die Jahre 1481–1484 zurück. Das Gewölbe wurde zwar später, im mittleren 18. Jahrhundert, durch herabfallende Gesteinsbrocken zerschlagen, die Rippenansätze sind aber erhalten.

St. Valentin in Glanbrücken-Niedereisenbach am oberen Glan wurde um 1520 mit einem gotischen Gewölbe und Maßwerkfenstern bereichert (Abb. 50); die nahe gelegene Hirsauer Kirche in Offenbach-Hundheim war schon kurz nach 1500 erweitert und ausgebaut worden (Abb. 51). Das Langhaus der Kirche in Medard stammt aus dem 16. Jahrhundert. Der Chorbogen ist 1597 bezeichnet. Ein Höhepunkt der Spätgotik ist zweifelsohne die Schlosskirche in Meisenheim – ab 1479 (Abb. 91–96). Der Ausbau der Kirner Kirche setzte um 1470/80 ein, derjenige in Monzingen um 1488 (Abb. 97) und der von St. Matthias in Sobernheim um 1500 (Abb. 44 und 100). Die dortige „Disibodenberger Kapelle" ist in ihrem Kern ein Werk der Jahre um 1454. Eine zweite Bauphase datiert um 1490 (Abb. 103–104). Die „Malteserkapelle", ebenfalls in Bad Sobernheim, entstand nach 1456 (Abb. 105–106). Die kleine Kirche in Eckweiler, nördlich von Bad Sobernheim, ist um 1500 errichtet worden (Abb. 18). Ein Gegenstück im Dorf Abtweiler, zwischen Bad Sobernheim und Meisenheim, lässt sich aufgrund seiner Bauformen gleichfalls in das späte 15. Jahrhundert verorten (Abb. 86). Um 1472 wurde als pfalzgräfliche Stiftung ein Franziskanerkloster in Kreuznach gegründet. Von der im Zweiten Weltkrieg stark zerstörten Kirche ist der schmale, spätgotische Chor erhalten (heute Heimatwissenschaftliche Zentralbibliothek des Landkreises Bad Kreuznach). Die evangelische Pfarrkirche von Bad Kreuznach-Planig erhielt um 1500 einen neuen Chor. Ihr Sakramentsschrein ist 1507 bezeichnet.

*Abb. 86) Abtweiler, evangelische Pfarrkirche*

*Abb. 87) Münster-Sarmsheim, katholische Pfarrkirche St. Peter und Paul*

*Abb. 88–90) Bingen, Basilika St. Martin*

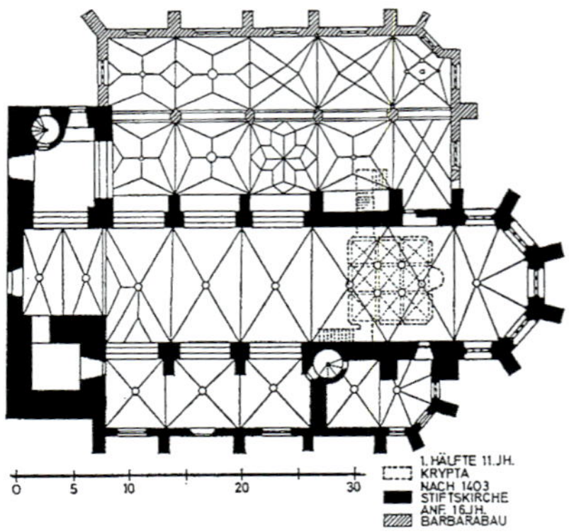


Der Chor der Kirche in Löllbach ist laut kunsthistorischer Einschätzung ein Beispiel für den *Charakter der Meisenheimer Schule* (Abb. 54). Der spätgotische, sterngewölbte Chor der Kirche in Niederhausen an der Nahe weist ebenfalls in die Spätgotik – eine Bauphase um 1482, eine zweite um 1515 (Abb. 43). Das Langhaus von St. Peter und Paul in Münster-Sarmsheim erhielt damals seinen spätgotischen Chor, und der romanische Turm wurde 1511 mit einer grazilen, durchbrochenen Laterne erhöht (Abb. 88). An die nördliche Langhausseite von St. Martin in Bingen (Abb. 90) fügte man zwischen 1502 und 1505 den sogenannten Barbarabau an – ein ganz und gar spätgotischer Bau.

Bei dieser Fülle von Neubauten und Umbauten älterer Kirchen, vor allem von Chorerweiterungen, liegt die Frage nach den Gründen auf der Hand. Das mittlere 16. Jahrhundert und die folgenden Jahrzehnte bis 1570/71 waren für die Pfalz und die Gegend an der Nahe ausgesprochen turbulente Zeiten. Eine ganze Kette von Kleinkriegen, vor deren Exzessen die Bevölkerung man-

Meisenheim, Schlosskirche

Abb. 92) Gewölbe über der Grabkapelle (rechts)

Abb. 91) Grundriss der Schlosskirche

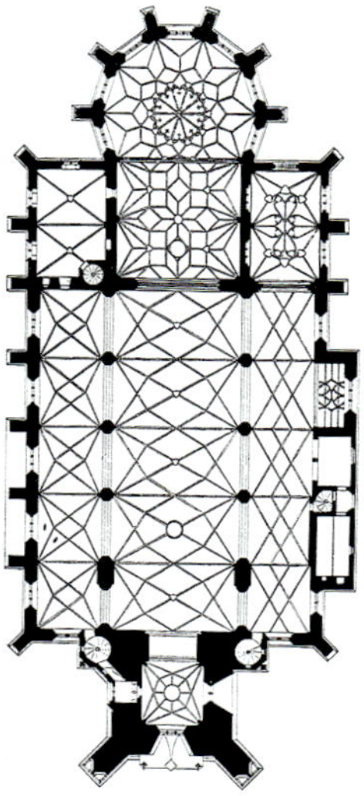

cherorts in die erwähnten Wehrkirchen flüchtete, strapazierte das Land. Hauptkontrahenten waren der ebenfalls bereits genannte Kurfürst Friedrich I. von der Pfalz († 1476) und Herzog Ludwig I. der Schwarze von Pfalz-Zweibrücken (-Veldenz) († 1489), dessen Residenz Meisenheim war. Pfalz-Simmern, zu dem Kreuznach gehörte, erlebte Ende des 15. Jahrhunderts eine friedliche Phase und im mittleren 16. Jahrhundert sogar eine Blütezeit. Die Kurpfalz, die in wittelsbachische Erbauseinandersetzungen und damit in den Landshuter Erbfolgekrieg von 1504/05 hineingezogen wurde, erlitt dagegen erneut große Zerstörungen. Erstaunlicherweise wurde der Bau der Meisenheimer Schlosskirche, deren Vorgängerin 1461 bei der Belagerung der Stadt durch Kurfürst Friedrich I. teils oder ganz zerstört worden war, schon 1479 begonnen, also noch unter Herzog Ludwig I., der wohl aus manchen kriegerischen Auseinandersetzungen als Unterlegener herausging und dennoch über die Mittel für ein solches aufwendiges Bauwerk verfügte. Es ist bekannt, dass Ludwig I. 1462 eine große Kriegsbeute gemacht und mehrere prominente Gefangene genommen hatte, für deren Freigabe er hohes Lösegeld erhielt. Die Frage nach den Gründen für die in der zweiten Hälfte massiert auftretenden Kirchenausbauten in spätgotischen Formen ist nicht leicht zu beantworten. Es besteht Bedarf für Einzelforschungen.

Die Schlosskirche in Meisenheim geht auf eine Johanniterkirche zurück, die, wie bereits angemerkt, bei der Beschießung der Stadt im Jahr 1461 demoliert wurde. Der 1504 vollendete Nachfolgebau – Höhepunkt der Spätgotik im westlichen Rheinland zwischen Rhein und Saar – steht an der Zäsur der alten Glaubenswelt und der Reformation, die im Herzogtum Zweibrücken-Veldenz 1532/33 eingeführt wurde und die Schlosskirche schon kurz nach ihrer Fertigstellung in ein evangelisches Gotteshaus umwandelte (Abb. 91–96). Bereits in dieser frühen Zeit wurde das spätgotische Kircheninventar verstei-

Seite 65: Abb. 94) Ansicht von Nordost

Abb. 93) Gewölbe über dem Hochchor

gert. Die Schlosskirche ist auch das Zeugnis einer Dynastie, die in dieser Stadt zeitweise residierte und diese Kirche als ihre Grablege auswählte. Schon die äußere Erscheinung ist beeindruckend – ein dominierender Westturm mit durchbrochener Laterne, ein weit gespanntes Satteldach mit Dachreiter, hohe Chorfenster, die von Strebepfeilern mit Fialen gesäumt werden (Abb. 94). Das Baumaterial besteht aus einheimischem, unverputztem, oft gequadertem Sandstein gelblicher Farbe. Im Hinblick auf den Grundriss handelt es sich um eine dreischiffige Halle mit rechteckigem Vorchor, den die Sakristei und eine Seitenkapelle begleiten und der sich zu einem Polygonalchor öffnet. Die innere Wirkung ist auf eine Steigerung von Westen, dem Haupteingang, nach Osten, zum Chor hin, angelegt. Dies zeigt sich besonders deutlich bei der unterschiedlichen Gestaltung der Rippengewölbe. Im Hauptschiff, das sich von den beiden etwas niedrigeren Seitenschiffen durch hohe, ins Achteck übergehende Rundsäulen absetzt, sind sie netzförmig ausgeführt. Im Vorchor, der einst vom Gemeinderaum durch einen Lettner getrennt war, entfaltet sich ein reich gegliedertes Sterngewölbe mit dem Haupt von Johannes dem Täufer als Schlussstein.

*Abb. 95) Meisenheim, Schlosskirche, geflügelter Drache als Detail des Grabkapellengitters*

Den Höhepunkt erlebt man im Hauptchor: Sein Sternengewölbe ist konzentrisch angelegt. Den Mittelpunkt bildet ein hängender Schlussstein mit einer den Heiligen Geist symbolisierenden Taube, die von einem Kranz weiterer Schlusssteine mit den Bildnissen der zwölf Apostel umgeben ist (Abb. 93). Somit zeichnet sich der Altarraum durch eine besondere Spiritualität aus. Die sich an den Vorchor im Süden anschließende Kapelle, ein rechteckiger Annex mit drei hohen Fenstern, beherbergt mehrere Grabdenkmäler des Hauses Pfalz-Zweibrücken (vgl. dazu S. 94–95). So klein die Grabkapelle ist, so erlesen erweist sich ihre spätgotische Architektur (Abb. 92). Die tragende Konstruktion ihrer Decke bilden Wandrippen und Wanddienste, die sich in der Höhe – sozusagen himmelstrebend – zu einem sich überschneidenden, zweischichtigen Maßwerk-Gewölbe vereinigen, das sich aus sogenannten Fischblasen zusammensetzt. Die untere Rippenfiguration – sie scheint zu schweben – erzeugt mit der oberen eine raffinierte illusionistische Wirkung. Die Schlusssteine teilen im östlichen Bereich als kleines Szenarium die Kreuzigung Christi mit den Assistenzfiguren mit Maria als Himmelskönigin, begleitet von Engeln, sind mittlere Schlusssteine gewidmet, während die westlichen die Wappen der Fürstenfamilie zeigen. Von ikonografischer Aussage ist auch das geschmiedete Gitter, das die Grabkapelle vom Laienraum trennt; denn es ist mit kleinen geflügelten Drachen oder Echsen besetzt, die als Zeichen der Vergänglichkeit zu verstehen sind (Abb. 95). Als „Gewürm" gehören solche Wesen zur Architektur von Grabmälern. (Vgl. zur barocken Ausstattung der Schlosskirche S. 109–110).

Nicht nur der Bauherr der Schlosskirche ist bekannt, sondern auch der Baumeister. Baurechnungen ab dem Jahr 1502 nennen einen Meister Philipp von Gmünd, der aus Frankfurt am Main stammte, ab 1482 in Meisenheim nachweisbar ist und dort 1496 ein Haus erwarb, in dem er 1523 gestorben ist. Bei Philipps Hinwendung zu Meisenheim hatte der Bau der Schlosskirche bereits begonnen, der weitaus größte Teil der Arbeiten stand aber noch bevor. Dendrochronologische Datierungen ihres augenscheinlich original erhaltenen Dachstuhls haben Jahreszahlen von 1485/86 für das Gebälk über dem Chor sowie Vorchor und zirka 1499 für die Holzkonstruktion über dem Langhaus ergeben. Die Beisetzungsfeierlichkeiten des 1589 verstorbenen Herzogs Ludwig I. wurden bereits in dieser Kirche begangen.

Philipp war offenbar mit der Frankfurter Architektur bestens vertraut, die auch für das Rheinland als vorbildhaft galt. Sie wurde um 1400 bis 1430 maßgeblich von Madern Gerthener geprägt, der über Jahre Stadt- und Dombaumeister in Personalunion war. Er ist Entwurfsverfasser des Westturms der ehemaligen Stiftskirche St. Bartholomäus, des Frankfurter „Doms". Der Westturm der Meisenheimer Schlosskirche zeigt in seiner Gliederung bis hin zur filigranen Laterne bemerkenswerte Parallelen zu Frankfurt (Abb. 96).

*Abb. 96) Meisenheim, Schlosskirche*

Sieht man die Schlosskirche insgesamt und hat die unterschiedliche Behandlung der einzelnen Baukompartimente vor Augen, beispielsweise einerseits die strengen, vielleicht sogar starren Formen des Langhauses – Rundsäulen und keine Bündelpfeiler – und andererseits die zierlichen, bewegten und quasi überfeinerten Formen des Hochchors und der Grabkapelle, so mag man sich fragen, ob der Bau nach einem einheitlichen Konzept geschaffen worden ist oder ob es Planänderungen gegeben hat. Die bisherige Forschung geht davon aus, dass die einander kontrastierenden Darstellungsweisen bewusst gewählt worden sind, und zwar aus der Überlegung heraus, dass gewisse Gegenüberstellungen den Gesamteindruck beleben und

Abb. 98) Monzingen, evangelische Pfarrkirche, Gewölbe über der Taufkapelle mit hängendem Schlussstein

steigern. Dies trifft auch auf den Westturm zu. Er wächst in den Himmel, zugleich wird die aufstrebende Bewegung durch Galerien beim Wechsel vom Rechteck zum Achteck, am Ansatz des durchbrochenen Helmes und darüber, am Übergang zur Kreuzblume, gedämpft. Dieses Wechselspiel fördert die ästhetische Spannung. Die Bauplastik des Turms gehört übrigens nicht der Erbauungszeit an. Es handelt sich um Ersatzarbeiten aus der Zeit einer großen Renovierung in der zweiten Hälfte des 19. Jahrhunderts. Damals wurde auch ein Teil der Maßwerkfenster erneuert, deren Sandsteinstege durch Verwitterung ruiniert waren.

Meister Philipps Wirkungskreis erstreckte sich auch auf weitere Ortschaften in der Naheregion, etwa auf Monzingen, das 1462 an Herzog Ludwig I. von Pfalz-Zweibrücken verpfändet worden war. Dort stand im Jahr 1488 eine „Modernisierung" der Kirche an, das heißt eine Verlängerung oder Vergrößerung ihres Chors (Abb. 97). Die Ausführung der Fenster – die gekehlten Gewände, das Maßwerk des Couronnements – und die Gestalt der Strebepfeiler – in ihrer unteren Hälfte rechteckig, darüber nach einem Wasserschlag ins Dreieck übergehend und von Giebelchen bekrönt – sind eine von Meisenheim vertraute Architektursprache, die auch vom Sternengewölbe des Monzinger Chors bestätigt wird. Anfang des 16. Jahrhunderts, 1505, erhielt diese Kirche mit einer Taufkapelle neben dem Chor einen weiteren Anbau. Sein sternförmiges Gewölbe besteht aus einem reich dekorierten Vierpass mit hängendem Schlussstein (Abb. 98). Das Vorbild Meisenheim ist greifbar.

Abb. 97) Monzingen, evangelische Pfarrkirche, spätgotischer Chor

Dies ist Philipps von Gmünd archivalisch gesichertes Werk am Glan und an der Nahe. Seine künstlerische Handschrift scheint zumindest bei zwei weiteren Kirchen ablesbar, nämlich bei Münster-Sarmsheim und Löllbach. Der erstgenannte Bau wurde durch Truppen des Sohns und Nachfolgers von Herzog Ludwig I. von Pfalz-Zweibrücken zerstört. Auch unter Herzog Alexander († 1514) – Stifter der Alexanderkirche in Zweibrücken – blieb Philipp Werkmeister, der sozusagen als fürstliche Wiedergutmachung den Wiederaufbau wohl leitete. Diese Annahme ergibt sich aus einem Stilvergleich des Netzgewölbes, der Maßwerkfenster und der Turmbekrönung in Münster-Sarmsheim, der bei dieser Betrachtung eine besondere Bedeutung zukommt. Der romanische Kirchturm wurde damals um ein Geschoss erhöht, auf dem sich eine vierseitige Pyramide erhebt (Abb. 87). Den Abschluss bildet eine zierliche, durchbrochene, steinerne Laterne, wie sie für die untere Nahe einmalig ist und wie sie am ehesten mit Philipp in Verbindung zu bringen ist. Auch in Löllbach wurde um 1500 der Chor erneuert. Die spätgotischen Formen sei-

*Abb. 99) Löllbach, evangelische Pfarrkirche, Chor*

nes Netzgewölbes und seiner Maßwerkfenster spiegeln in der Ausführung ihrer Stege, Dreipässe und Fischblasen das Meisenheimer Arrangement wider (Abb. 54 und 99).

Philipps Wirken unter den Herzögen Ludwig I. und Alexander wird unter dem Begriff *Meisenheimer Schule* zusammengefasst. Allerdings sind Schüler nicht bekannt, die Philipps Werkstätte nach seinem Tod weitergeführt hätten. Insofern geht der Terminus Schule wohl zu weit. Festzuhalten ist aber, dass dieser Architekt oder Baumeister der Spätgotik im südwestlichen Rheinland wichtige Impulse verliehen und sie damit wesentlich geprägt hat.

Mit Philipp erschöpft sich das Thema der Spätgotik nicht, wie es sich alleine schon am Beispiel der Sakralbau-

Abb. 100) Bad Sobernheim, St.-Matthiaskirche, Chor

ten in Bad Sobernheim feststellen lässt. Die St.-Matthiaskirche erhielt Ende des 15. Jahrhunderts ihren prächtigen, aus Quadermauerwerk bestehenden Chor, dessen Maßwerkfenster mit tief profilierten Gewänden einen Vergleich mit der Schlosskirche in Meisenheim nicht zu scheuen brauchen (Abb. 44 und 100). Von besonderer Gestalt sind die abgetreppten Strebepfeiler, die in kleinen Satteldächern mit Krabbenbekrönung enden. Beachtung verdient auch das Chorgewölbe, dessen hohlkehlig profilierte Rippen zunächst rautenförmige Felder bilden, die schließlich in einen Stern übergehen (Abb. 101).

Nicht nur die St.-Matthiaskirche ist für (Bad) Sobernheims Stadtbild von Bedeutung. Es sind auch die Bauten religiöser Einrichtungen, die eine lange Tradition besitzen – beispielsweise die in der Stadtmitte gelegene Disibodenberger Kapelle, deren Name auf eine Verbindung mit dem ehemaligen Kloster auf der Höhe bei Staudernheim hinweist. So wie die klösterliche Gemeinschaft im 16. Jahrhundert aufgehoben wurde, so wurde ihre städtische Dependance profaniert. Die im 19. Jahrhundert für wirtschaftliche Zwecke eingerichtete und dementsprechend umfunktionierte Marienkapelle hat ihre äußere Gestalt mit dem Hauptportal bewahrt, dessen seltsam verschobene Position am Westgiebel auf bauzeitli-

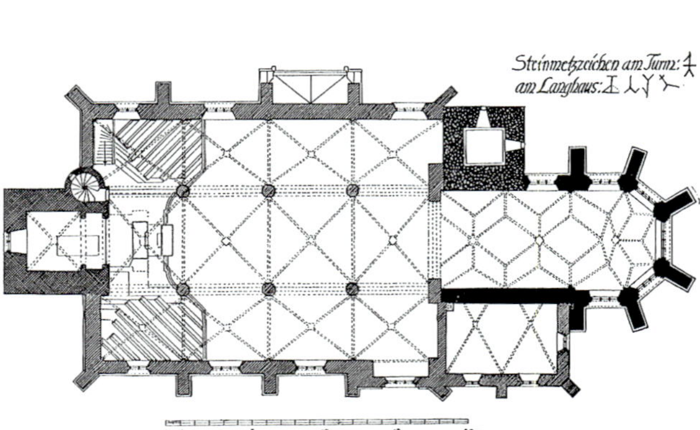


Abb. 101) Bad Sobernheim, Grundriss der St.-Matthiaskirche

che Gegebenheiten zurückgeht, wie eine Bauuntersuchung gezeigt hat (Abb. 103–104). Das Portal ist in einem rechteckigen Rahmen mit begleitenden Fialen eingebunden und besteht – soweit nicht verbaut und sichtbar – aus zwei parallel geführten Bögen, deren äußerer, ein leicht konkav geschwungener, sehr dekorativ mit Krabben besetzt ist und in einer Kreuzblume endet. Die Linienführung erinnert an das Memorienportal des Mainzer Doms aus den Jahren um 1425. Als Besonderheit zeigt das Bogenfeld der Disibodenberger Kapelle eine allerdings recht verwitterte Kreuzigungsgruppe mit Maria und Johannes sowie zwei Engeln, die Weihrauchfässer schwingen. Über dem Kreuz erscheinen, als Gesichter dargestellt, Sonne und Mond. Der Bau ist offenbar in zwei Phasen errichtet worden: Der Chor stammt aus den Jahren um 1455, während der niedrigere Teil, zu dem das Portal gehört, laut dendrochronologischer Untersuchung 1493 zu datieren ist. Die ursprüngliche äußere Gestalt der sich zweiteilig präsentierenden Anlage ist noch nicht ganz klar. Ein Maueransatz an der südwestlichen Ecke des Chors ist rätselhaft. Entweder handelt es sich um den Anfang einer fortzuführenden, aber nicht realisierten Mauer oder um eine Abbruchkante eines zum westlichen Trakt gehörenden Bauteils. Wenn dies zutrifft, stellt sich die Frage nach dessen Höhe.

Bad Sobernheims zweite spätmittelalterliche Kapelle, die Malteserkapelle, geht auf die Johanniter (Malteser) zurück, die hier wie auch in Meisenheim eine Komturei unterhielten. Der zweigliedrige, bis 1465 fertiggestellte und nach der Reformation profanierte Bau wurde 1664 der katholischen Gemeinde übertragen. Der niedrigere Teil, das Langhaus, besitzt einen alten, giebelständigen Eingang mit gotischem Spitzbogen, über dem sich ein Fensterpaar in

*Abb. 102) Bad Sobernheim, St.-Matthiaskirche, Gewölbemalerei über dem Langhaus (rechts)*

*Abb. 103) Bad Sobernheim, Disibodenberger Kapelle (links)*

*Abb. 104) Bad Sobernheim, Disibodenberger Kapelle, Bogenfeld über dem Portal*

Dreipassformen befindet. Wappen adeliger Familien schmücken die obere Zone dieser Gruppe, die von einem rechtwinklig geführten Profilgesims eingefasst wird. Es erinnert, obschon in reduzierter Form ausgeführt, an das Rahmenfeld, welches das Portal der Disibodenberger Kapelle umgibt. Der höhere Teil der Malteserkapelle ist dem Chor vorbehalten, der mit Strebepfeilern besetzt ist. Seine Maßwerkfenster, insbesondere die schmuckreichen Couronnements, sind spätgotische Meisterwerke, die sicherlich ins ausklingende 15. Jahrhundert zu datieren sind (Abb. 105). Ihnen entspricht im Chorinneren ein Sternengewölbe mit teilweise figürlich dekorierten Schlusssteinen. Bei der vor einigen Jahren durchgeführten denkmalgerechten Renovierung der Kapelle wurden in einer Fensternische über der Empore Fragmente einer Wandmalerei des späten 15. Jahrhunderts entdeckt. Auf der einen Seite ist eine nackte Frau in einem Kessel dargestellt, der von Flammen umzüngelt wird (Abb. 106), auf der anderen ein bärtiger Mann in der gleichen fatalen Lage, die allerdings nur schemenhaft zu erkennen ist. Laut christlicher Ikonographie handelt es sich wohl um die Heiligen Vitus (Veit) und Crescentia, die zu Diokletians Zeiten ihres Glaubens wegen in Kessel mit siedendem Öl geworfen wurden, denen sie indes auf wundersame Weise unversehrt entstiegen. Damit erklärt sich der fröhliche Gesichtsausdruck der Gemarterten.

*Abb. 105) Bad Sobernheim, Malteserkapelle, Maßwerkfenster am Chor*

Die spätmittelalterliche **Wandmalerei** in der Malteserkapelle steht in der Nahe- und Glanregion nicht alleine. Umfangreiche Bildprogramme lassen sich etwa in der Hirsauer Kirche in Offenbach-Hundheim und in der Pfarrkirche in Niederhausen bewundern. In der Hirsauer Kirche bedeckt die ab 1901 freigelegte Wandmalerei die Wände und Decke des Altarraums, der mit dem Parterre des um 1250 erbauten Chorturms identisch ist (Abb. 107–108). Szenen aus dem Leben Christi – von der Verkündigung seiner Geburt bis zur Auferstehung – schmücken die Wände, während über dem Triumphbogen die Mutter Ecclesiae dargestellt ist und sich in den Gewölbekappen die Apostel und Engel gruppieren, die der Marienkrönung beiwohnen und Christus als Weltenherrscher verehren. Die Wandflächen sind durch ornamentale Streifen so unterteilt, dass sich die Erzählungen thematisch anordnen lassen. Die Darstellungsweise ist flächig gehalten, und die Kompositionen erinnern an byzantinische Auffassungen. Stilistisch gehören die Bilderzyklen zum Übergang von der Romanik zur Gotik und damit in die frühe Zeit des sogenannten Zackenstils, für den scharfbrüchige Linien und Konturen charakteristisch sind.

Die Malereien in der evangelischen Kirche St. Mechtildis von Niederhausen, die 1940 wiederentdeckt und in zwei Etappen, 1966 sowie 1979/80, freigelegt und restauriert wurden, gehören zwei Zeitschichten an. Die Wände des Langhauses und die Chorbogenpfeiler zeigen romanische Beispiele, die von der Kunstgeschichte unterschiedlich zwischen der zweiten Hälfte des 12. Jahrhunderts und dem späten 13. Jahrhundert datiert werden. Die Zeit um 1280/90 ist am wahrscheinlichsten. Die Turmkapelle schmücken dagegen spätgotische Bildnisse aus den Jahren um 1490. Die Darstellungen auf den Langhauswänden, die durch spätere Fenstereinbrüche teilweise zerstört worden sind, entwickeln ihre Szenenfolge in einem langen und breiten Streifen auf mittlerer Wandhöhe, der von ornamentalen Bordüren eingefasst wird. Die Hauptbilder der Nordseite sind, gesehen von Osten nach Westen: der junge Christus im Tempel, die Anbetung der Hl. Drei Könige, das Abendmahl mit den Aposteln (Abb. 109), ein nicht zu identifizierender König in einem Bogen und der hl. Nikolaus, der Schiffbrüchige rettet. Auf der Südwand sind die Versuchung Jesu durch den Teufel, der hl. Michael, der den Drachen tötet, und

Abb. 107) Offenbach-Hundheim, Hirsauer Kirche, Wandmalerei im Chor, im Bogenfeld Gefangennahme und Verhör Christi, darüber der hl. Petrus mit weiteren Aposteln

Abb. 106) Bad Sobernheim, Malteserkapelle, die hl. Crescentia als Fragment einer Wandmalerei in einer Fensternische über der Empore; Zustand vor der Restaurierung (links)

108) Offenbach-Hundheim, Hirsauer Kirche, Wandmalerei im Chor, Christus als Weltenherrscher und betende Engel in den Gewölbezwickeln (rechts)

die Jünger Jesu zu sehen. Die inhaltlich wichtigste Darstellung der Turmkapelle ist die auf ihrer Südwand aufgetragene Kreuzigung mit Maria und Johannes (Abb. 110). Zu Füßen des Gekreuzigten kniet ein Stifterehepaar. Bei der männlichen Person soll es sich um einen Bergmann handeln, der mit dem Bergbau auf dem Lemberg bei Niederhausen in Verbindung gebracht wird. Gegenüber von dieser Szene entfaltet sich als Bilderzyklus die gut ablesbare Barbara-Legende. Eine Heiligenvita in der östlichen Fensternische – es soll sich um den hl. Valentin handeln, was jedoch nicht eindeutig zu belegen ist – ist indes weniger gut erkennbar. Darüber, im Gewölbezwickel, halten zwei Engel das Schweißtuch Christi. Im westlichen Fenster wird ein hl. Bischof (St. Martin?) gewürdigt, wie er einem Bettler ein Almosen reicht. Von besonderem Reiz ist der florale Schmuck, der die einzelnen Darstellungen umgibt. Eine Wandpartie neben der Kreuzigung ist der Weinkultur vorbehalten, die von zwei kunstvoll in sich verschlungenen Reben mit prächtigen Trauben und beerenpickenden Vögeln symbolisiert wird (Abb. 25). Die Malereien wurden 1669 überstrichen. Galten sie als nicht mehr zeitgemäß und passten sie nicht mehr in die protestantische Glaubenswelt?

In der katholischen Kirche St. Leonhard in Dalberg im Gräfenbachtal hat sich zwar kein Zyklus einer Wandmalerei erhalten. Zutage getreten sind aber bereits im 19. Jahrhundert einige großfigurig gemalte Heiligengestalten, wie eine Madonna im Strahlenkranz, ein Bernhard und Laurentius, die sich allerdings in einer nicht sehr differenzierten Maltechnik präsentieren, was möglicherweise auf die Restaurierung zurückzuführen ist (Abb. 111). Über dem Scheitel eines paarigen Chorfensters dieser Kapelle ist die Jahreszahl 1485 eingeschrieben. Sie gilt sicherlich auch für die Wandmalerei. Großfigurige, 1963/64 freigelegte Heilige um eine Marienkrönung zieren auch das spätgotische Chorgewölbe der evangelischen Kirche in Niederbrombach bei Idar-Oberstein, unter ihnen eine hl. Maria-Magdalena, die mittelalterliche Patronin dieser Kirche. Charakteristisch ist eine idealisierende Darstellungsweise mit einer eleganten, leicht gedrehten Körperhaltung, die durch eine gegensätzliche Schwingbewegung ab der Hüfte hervorgerufen wird. Erwähnenswert

*Abb. 109) Niederhausen, evangelische Pfarrkirche, Wandmalerei im Langhaus, Abendmahlszene, links ein König*

*Abb. 110) Niederhausen, evangelische Pfarrkirche, Wandmalerei in der Kapelle, Kreuzigung mit Stifterpaar*

*Abb. 111) Dalberg, katholische Kirche St. Leonhard mit der freigelegten Wandmalerei*

ist schließlich die St.-Matthiaskirche in Bad Sobernheim, deren Langhaus und Chor ausgemalt sind. Zeigt sich im Chorgewölbe nur ein dezenter Rankenschmuck, der die Schlusssteine umgibt (Abb. 100), so prangt das Langhausgewölbe mit aufwendigem Blütendekor und sogar einigen merkwürdigen und rätselhaften männlichen Konterfeis (Abb. 102). Von den auf den Wänden aufgetragenen Malereien ist ein thronender Christus im Gewölbebogen des Turmeingangs hervorhebenswert. Der größte Teil dieser künstlerischen Gestaltung ist mit dem Kirchenausbau von 1484 gleichzusetzen; der erwähnte Christus ist eine Arbeit des 13. Jahrhunderts. Außer diesen genannten Beispielen an mittelalterlichen Wandmalereien sind weitere in anderen Kirchen entdeckt, aber nicht freigelegt worden, weil entweder die Befunde zu gering waren oder als nicht bedeutend erachtet wurden. Hinzuweisen ist auf einen besonderen Zyklus der Passionsgeschichte Christi, der einst die Wände der alten katholischen Pfarrkirche in Bingen-Dietersheim schmückte. Die Malerei ist abgenommen und in das Landesmuseum in Mainz überführt worden.

**Glasgemälde** sind die lichtdurchlässige Fortsetzung der Wandmalerei. Leider sind an der Nahe und am Glan nur wenige kirchliche Beispiele erhalten. Die katholische Pfarrkirche in Münster-Sarmsheim ist die bedeutendste Ausnahme; denn sie hat einige solcher Fenster des frühen 16. Jahrhunderts mit biblischen Themen bewahrt (Abb. 112). Reste farbiger spätmittelalterlicher Glasgemälde mit Engelsdarstellungen finden sich im mittleren Chorfenster der Bad Sobernheimer Matthiaskirche. Auch die Felsenkirche in Idar-Oberstein besitzt zwei Glasgemälde. Eine dieser aus Fragmenten zusammengesetzten Scheiben soll das Antlitz von Wirich IV. von Daun-Oberstein darstellen, Bau-

*Abb. 112) Münster-Sarmsheim, katholische Pfarrkirche St. Peter und Paul, spätgotisches Glasgemälde mit dem gegeißelten Christus und Maria*

*Abb. 113) Idar-Oberstein, Altartriptychon in der Felsenkirche*

herr dieser zwischen 1482 und 1484 errichteten Kirche. Wirichs Sohn Philipp von Daun wurde 1508 zum Kölner Erzbischof ernannt.

Im 19. und frühen 20. Jahrhundert versuchte man, die allgemeinen, vermutlich schon durch die Kriege des 17./18. Jahrhunderts bedingten Verluste alter Glasgemälde durch historistische Nachschöpfungen auszugleichen, wie dies die Nikolauskirche in Bad Kreuznach zeigt. Später, in den ersten Jahrzehnten nach dem Zweiten Weltkrieg haben etliche Pfarreien die Fenster ihrer Kirchen erneuern lassen und mit dieser Aufgabe auch namhafte Künstler betraut. Für St. Matthias in Bad Sobernheim konnte etwa Georg Meistermann gewonnen werden.

Im Hinblick auf die spätmittelalterliche **Tafelmalerei** ist nur ein einziges Gemälde zu nennen, das allerdings von überregionaler Bedeutung und wertvollster Schatz der Felsenkirche in Idar-Oberstein ist: eine Passion Christi. Es handelt sich um ein Altartriptychon, das nach unterschiedlichen kunsthistorischen Meinungen in das späte 14. Jahrhundert oder in das erste Viertel des 15. Jahrhunderts zu datieren ist (Abb. 113). Die Mitteltafel des Retabels berichtet von einem wichtigen Kreuzigungsmoment: Ein Folterknecht quält Jesus mit einem Essigschwamm, den er mit einem Stock zu dessen Lippen führt. Zugleich überprüft der römische Hauptmann Longinus mit seiner Lanze den Tod Christi, indem er sie in dessen Herz sticht. Zu Füßen der drei Kreuze findet sich die sehr flächig gemalte Gruppe der trauernden, von Schmerz gezeichneten Frauen in kniender und hingesunkener Pose, während eine recht unübersichtliche Schar von Soldaten sowie Hohen Priestern und auch sich zankender Bettler am rechten Bildrand eine zweite Gruppe ausmacht. Unter dem Kreuz Christi kniet in bescheidener Haltung die deutlich kleinere Gestalt eines Stifters, der sich anhand seines Habits als Priester zu erkennen gibt. Auf den Seitenflügeln sind links die Verhöre Christi vor König Herodes und dem Hohen Priester Kaiphas und rechts die Geißelung vor Pilatus und die Annagelung an das Kreuz dargestellt. Bei der großen

*Abb. 114) Idar-Oberstein, Felsenkirche, Bildnisgrabstein des Philipp von Daun-Oberstein († 1432)*

Tafel fällt die kompakte Dichte an Personen in der unteren Bildhälfte auf. Mit ihr kontrastiert die Bewegtheit im oberen Bereich, die von Engeln und einem Teufelchen hervorgerufen wird, die sich um Christus und die Seelen der Schächer bemühen. Hochgewehte Schriftbänder der unteren Personen tragen zu diesem Wirbel bei, der sich vor einem goldenen Bildhintergrund abspielt. Manche Personen wirken recht statuarisch, beispielsweise König Herodes auf der linken unteren Tafel, manche sogar etwas unbeholfen, wie der ihm vorgeführte, mit einer Kette umgürtete Jesus. Individuelle Züge werden sichtbar, etwa bei dem Hauptmann Longinus und dem auf der anderen Seite von Christus stehenden Hohen Priester mit seinem markanten Hut und dem Spruchband.

Der Künstler des Werks ist namentlich nicht bekannt. Insofern werden verschiedene Zuordnungen vorgeschlagen. Eine ältere Benennung geht von einem *Meister des Obersteiner Altars* aus. Eine jüngere favorisiert den *Meister der Mainzer Verspottung*, von dessen Könnerschaft man sich im Landesmuseum in Mainz überzeugen kann. Nicht ausgeschlossen wird aber auch eine Beziehung zu Köln, die auf den erwähnten Kölner Erzbischof Philipp von Daun gründet. Die Identität des priesterlichen Stifters, der unter dem Kreuz Christi des Idar-Obersteiner Altarbildes kniet, ist nicht eindeutig geklärt. Es gab Versuche, in ihm den 1419 verstorbenen Mainzer Domherrn und Scholasticus Eberhard zu sehen.

Die figürliche **Steinmetzkunst** ist vor allem mit fürstlichen Grabdenkmälern vertreten, von denen bereits ein Beispiel in der Bad Kreuznacher Kirche St. Nikolaus vorgestellt worden ist. Es erinnert an Graf Walram von Sponheim, den 1382 früh verstorbenen Sohn von Graf Simon III., der unvorhergesehenerweise nach dessen Tod letzter Vertreter des Geschlechtes der Grafen von Sponheim-Kreuznach war. Die Jugendlichkeit des Abgebildeten lässt sich aus seiner Figur und dem Gesicht erschließen, auch wenn dieses kaum sichtbar ist (Abb. 13). Solche Monumente geben statusbedingte Stereotypen wider, zu denen neben der Rüstung und Bewaffnung als Nachweis hochadeliger Geburt häufig ein Fußkissen in der Gestalt von Tieren, etwa von Löwen, gehört, wie dies der recht rustikal geratene Bildnisgrabstein des Philipp von Daun-Oberstein († 1432) in der Felsenkirche von Idar-Oberstein zeigt (Abb. 114). Sein Wappen – ein einfaches Rautenmuster – gehört zum

Repertoire dieser Kirche. Das Grabdenkmal des 1463 aus dem Leben geschiedenen Richard von Löwenstein – sichtbar in der Chormauer von St. Matthias in Bad Sobernheim – verfügt nicht über das Attribut einer adeligen Fußstütze (Abb. 115). Die Vornehmheit des Geehrten ist, wie es sein Harnisch und die Wappen dokumentieren, indes nicht zu bestreiten. Interessant wäre es zu wissen, ob die goldene Farbfassung authentisch ist, wovon die lokale Überlieferung ausgeht. Außerdem könnte man sich fragen, ob die Helmzier über dem Haupt des Verstorbenen zeitlich mit der Grabplatte übereinstimmt. Auch die Stiftskirche in St. Johannisberg (Hochstetten-Dhaun) birgt als Grablege der Wild- und Rheingrafen mehrere figürlich ausgearbeitete spätmittelalterliche Grabsteine. Stilistisch ist ein jüngeres Denkmal besonders aufschlussreich, das den Wild- und Rheingrafen Philipp († 1521) vorstellt (Abb. 116). Die lockere Körperhaltung hat sich weit entfernt von der betonten Frontalität, ja ostentativen Starre früherer Verstorbener. Eine Lebensähnlichkeit ist angestrebt. Die Spätgotik beschränkt sich auf den Dekor des Kielbogens über dem Grafenhaupt. Auffassungen und Formen der Renaissance sind für diese Übergangszeit unverkennbar, für die man den Ausdruck *spätgotischer Barock* geprägt hat. In der Meisenheimer Schlosskirche, namentlich in ihrer Grabkapelle, klingt diese Tendenz schon an.

*Abb. 115) Bad Sobernheim, St.-Matthiaskirche, Grabdenkmal des 1463 verstorbenen Richard von Löwenstein*

Aufmerksamkeit verdienen nicht nur die Grabplatten der einheimischen Fürsten, sondern auch die religiösen **Skulpturen**, die mehr oder weniger vollplastisch aus Stein oder Holz gearbeitet sind. Ihre Zahl ist leider nicht allzu groß. Interessant wäre es zu wissen, wer die Auftraggeber solcher Werke im Mittelalter waren. Die Kirchen selbst, oder taten sich der Adel oder das Bürgertum als Stifter hervor? Der letztere Fall setzt finanzkräftige Städte voraus, etwa Reichsstädte, deren Kaufmannschaft oder Zünfte mit Stiftungen hervortraten. Einer Stadt wie Bingen, die Selbständigkeit anstrebte und sich von der bischöflich-mainzischen Herrschaft und derjenigen des Domkapitels lösen wollte, gelang dies nicht. Bingen blieb wie auch die anderen Städte an Nahe und Glan landständisch. Die Bürger dieser Kleinstädte verfügten kaum über das Potential für solche Schenkungen. Nichtsdestotrotz ist die ehemalige Stiftskirche St. Martin in Bingen eine ergiebige Quelle für

Abb. 116) St. Johannisberg, ehemalige Stiftskirche, Grabmal des Wild- und Rheingrafen Philipp († 1521)

die mittelalterliche Bildhauerkunst. Eine thronende Muttergottes mit Kind aus der Zeit von 1310/20, die ursprünglich zu einem Altar gehörte, ist nicht nur die älteste aus Holz gearbeitete Heiligenfigur dieser Basilika, sondern auch ein wichtiges Beispiel mittelrheinischer Plastik (Abb. 117). Ihre Bedeutung erhöht sich noch aufgrund der freigelegten originalen Holzfassung. Beherrschende Eindrücke sind die Ruhe, Gelassenheit und Ernsthaftigkeit, welche die Zweiergruppe ausstrahlt. Das Kind, dessen Lockenkopf ziemlich rundlich ist, weist mit seiner Rechten auf ein Buch, wie man das von solchen Bildnissen kennt. Auch wenn die Gesamtform in Bingen recht einfach ist, wirkt die Haltung nicht steif; denn eine leichte Biegung von Marias Oberkörper, mit der die Position des Jesuskindes korrespondiert, bringt eine graziöse Note mit sich. Der Brustbereich ist recht flach und nahezu faltenlos. Über die Knie und zum Boden fällt der drapierte Stoff so reichlich, dass er nur die Schuhspitzen frei lässt. Die Füße selber stehen auf einem Drachen. An den Seiten der Sitzbank befanden sich früher die Reliefs zweier gekrönter weiblicher Köpfe, deren Bedeutung nicht klar ist.

Eine weitere Sitzmadonna – sie gehört auch dem 13. Jahrhundert an und ist ebenfalls sicherlich mittelrheinischer Provenienz – ist als Gnadenbild der Wallfahrtskirche in Spabrücken bekannt und bildet das Zentrum des dortigen Hochaltars (Abb. 118). Die heute ungefasste Holzskulptur hat vermutlich ihre ursprüngliche farbige Gestaltung durch Brandeinwirkung verloren, aus der sich wohl auch starke Ergänzungen, etwa des Kinderkopfes, ergeben haben. Ein leichtes Lächeln scheint im Gegensatz zum vorigen Beispiel Marias Mund zu umspielen. Die Körperhaltungen von Mutter und

Abb. 117) Bingen, Basilika St. Martin, thronende Muttergottes mit Kind

*Abb. 118) Spabrücken, Wallfahrtskirche Mariä Himmelfahrt, Gnadenbild der thronenden Muttergottes mit Kind*

Söhnchen sind allerdings statuarischer als in Bingen, auch wenn sich im Faltenwurf ab den Knien Ähnlichkeiten zeigen.

*Abb. 119) Bingen, Basilika St. Martin, hl. Katharina (Mitte)*

St. Martin in Bingen besitzt zwei weitere berühmte Skulpturen, eine hl. Barbara und eine hl. Katharina, die bestens den gestalterischen Höhepunkt der mittelrheinischen Plastik dokumentieren (Abb. 119). Die um 1415 anzusetzenden Figuren sind aus Ton gearbeitet und verfügen mit zirka 130 cm Höhe über eine beachtliche Größe. Wie ihre aufeinander bezogene Körpersprache mit dem ausgeprägten Hüftschwung und der oberen Gegenbewegung darlegt, begleiteten die beiden heiligen Frauen, die als Vertreterinnen des Typus der *Schönen Madonna* anzusehen sind, einst einen sakralen Mittelpunkt und waren in das Bildprogramm eines Altars eingebunden. Die Gestalten sind figurbetont, wie es die hohen, umgürteten Taillen demonstrieren. Besonders deutlich zeigt dies die hl. Barbara, deren Gewand in langen Falten ab dem Gürtel zum Boden fließt. Bei der hl. Katharina steht dagegen die reiche Drapierung im Vordergrund, die ihr mantelartiger Überwurf unterhalb des aufgeschlagenen Buches wirft, das sie in ihrer leicht erhobenen Rechten hält. Heute präsentieren sich die beiden Heiligenskulpturen in einem vom 19. Jahrhundert bestimmten kompositorischen Zusammenhang.

## Burgenbau

Die Zahl der befestigten Adelssitze war in der Region enorm, wie es unschwer die Burgruinen erkennen lassen, die noch manchem Berg seine charakteristische Silhouette verleihen. Dass keine der Befestigungsanlagen, die einst als sicherer Hort galten, die Zeitläufte in einem intakten Zustand überstanden hat, hat mehrere Gründe. Burgen wurden schon im Mittelalter abgebrochen oder geschleift, wenn sie aus der Sicht des nächsten Landesherrn *wider*

*Recht und Ehre* errichtet worden waren oder als Bedrohung von dessen Territorium angesehen wurden. Dazu ein Beispiel: Wildgraf Johann von Dhaun ließ während einer kriegerischen Auseinandersetzung mit Erzbischof Balduin von Trier, in der „Dhauner Fehde" (1337–1341), Brunkenstein im Kellenbachtal bei Simmertal als Vorburg zu seiner eigenen Burg Dhaun (heute Schloss Dhaun) und als Sperre gegen das weitere kurfürstliche Vordringen in den Naheraum hochziehen. Der Trierer Widersacher reagierte mit dem Bau von Gegenburgen auf den Nachbarhöhen von Dhaun und zwang zusammen mit seinen Verbündeten den Wildgrafen in die Knie. Gemäß den Friedensbestimmungen von 1342 sollte Brunkenstein geschleift werden, was aber nicht geschah. Vielmehr verpfändete 1368 der Wildgraf das Bollwerk zunächst an einen Konkurrenten von Balduin, nämlich an den damaligen Pfalzgrafen, und später, 1377, an den Sponheimer Grafen. Nach weiteren Besitzerwechseln eroberte 1411 ein späterer Wild- und Rheingraf die Anlage zurück und ließ sie zur eigenen Sicherheit weitgehend niederlegen. Heute steht in schwer zugänglicher Waldlage noch eine Mauerpartie der Burg, die eher ein Festes Haus war. Trutzburgen nannte man solche Bauwerke, die man gegen ein benachbartes Festungswerk oder Territorium errichtete. So wurde 1493, also relativ spät, am Ortsrand des kurpfälzischen Fleckens Münster (Münster-Sarmsheim) eine gegen den kurmainzischen Nachbarn Bingen gerichtete Zollsperre etabliert, die unter dem Namen *Trutzbingen* oder *Münsterer Burghaus* bekannt ist (Abb. 120). Der Turm wurde nicht geschleift, die Zeitläufte haben ihn aber zur Hälfte zerfallen lassen. Eventuell hat auch die Bevölkerung, wie dies oft geschehen ist, nachgeholfen, indem sie den später funktionslos gewordenen Bau als Steinbruch benutzte. Hart führt an der Ruine die Autobahn (A 61) vorbei.

*Abb. 120) Trutzbingen bei Münster-Sarmsheim*

Im Dreißigjährigen Krieg war die Region um Nahe und Glan zeitweise heftig umkämpft. Städte erlebten unterschiedliche und sich wiederholende Besetzungen, und Burgen wurden zerstört. Über den Verlauf der Kämpfe und Siege geben Flugblätter und andere Drucke aus der Zeit um 1620 Auskunft, die in künstlerisch-spiralförmiger Anordnung typische Ansichten der eingenommenen Orte präsentieren. Besonders bekannt sind solche Blätter, welche die Heldentaten des kaiserlichen Generals Ambrosio Spinola festhalten. Eine zweite Zerstörungswelle überrannte das Land um 1689, als französische Truppen im Pfälzischen Erbfolgekrieg das Rheinland und die Pfalz besetzten, die Burgen einnahmen und etliche sprengten. Aus dieser Zeit sind Stiche überliefert, die den Zustand von Burgen vor ihrer Demolierung wiedergeben. Verwüstet und zerstört wurden 1689 die veldenzische Stadt Lauterecken und ihr Schloss. Gleiches geschah mit der kurmainzischen Burg Schloßböckelheim, der kurpfälzischen Kauzenburg von Kreuznach und der ebenfalls kurpfälzischen Altenbaumburg oberhalb von Altenbamberg, dem wild- und rheingräflichen Rheingrafenstein und schließlich mit der sickingischen Ebernburg, die allerdings als Auflage des Friedens von Rijswijk entfestigt werden musste. Die Kyrburg oberhalb von Kirn wurde erst 1734 durch die Franzosen geschleift, während die benachbarten Anlagen, Burg Steinkallenfels und ‚Schloss' Wartenstein, dieses Schicksal bereits 1682/83 und 1689 ereilt hatte. Manche Burgen standen aber nicht im Visier der französischen Truppen, wie erstaunlicherweise die ausgedehnte Burg Lichtenberg oberhalb von Thallichtenberg bei Kusel – wohl die stattlichste Fortifikation in der Pfalz. Zwischen 1681 und 1693 war eine französische Garnison in der Burg einquartiert. Waren es Okkupanten oder war es befreundetes Militär? Es ist nämlich der Gedanke ins Spiel gebracht worden, Frankreich habe die Burg verschont, weil König Karl XI. von Schweden – in Personalunion auch Herzog von Zweibrücken – ein Verbündeter Ludwigs XIV. war. Tatsache ist, dass die seit dem ersten Viertel des 17. Jahrhunderts bastionierte Burg nie eingenommen worden ist. Ihr Verfall setzte erst im 18. Jahrhundert ein.

Nach dieser kurzen Darstellung der Gründe für den heutigen Ruinencharakter der Burgen stellen sich die Fragen nach ihrer Entstehung und baulichen Entwicklung. Als früheste Spuren sind Reste von Motten überliefert, unter denen ein in der Regel aus Holz er-

*Abb. 121) Nohfelden-Neunkirchen am Oberlauf der Nahe (Kreis St. Wendel), Reste einer Motte*

richteter befestigter Wohnbau zu verstehen ist, der durch einen Wassergraben und auch durch Palisaden geschützt war. Überbleibsel einer solchen Anlage, die sich nur aufgrund einer kleinen Erhebung von der flachen Umgebung unterscheidet, befinden sich in Nohfelden-Neunkirchen (Kreis St. Wendel), am Oberlauf der Nahe. Es handelt sich um einen zirka 2 m hohen Hügel mit einem Durchmesser von 10 m, der völlig von Sträuchern überwachsen ist und dem man kaum seine Vergangenheit als eine Art „Wasserburg" ansieht (Abb. 121). In der volkstümlichen Überlieferung wird diese kleine Turmhügelburg *Alte Burg* oder *Insel* genannt. Die Bodendenkmalpflege geht von einem befestigten, durch einen Ringgraben und einen Wall gesicherten Wohnsitz des 11./12. Jahrhunderts aus, der kurz danach zerstört wurde. Über die einstige bauliche Gestalt lässt sich nichts Konkretes sagen.

Die historische Quellenlage ist für die Zeit der Staufer günstiger, sind doch noch einige Burgen aus der zweiten Hälfte des 12. Jahrhunderts und dem frühen 13. Jahrhundert zumindest teilweise erhalten. Das beeindruckendste Beispiel ist Burgsponheim, der ursprüngliche Sitz der Sponheimer Grafen, von dem der Bergfried geblieben ist (Abb. 122). Das imposante, zirka 22 m hohe Gebäude verfügt über einen quadratischen Grundriss und zeigt ein Äußeres, das von unterschiedlich starken, aber regelmäßig angelegten Reihen von Buckelquadern mit Randschlag geprägt wird. Diese Mauerungstechnik mit der kissenartigen Oberfläche der Steine gilt als ein charakteristisches Baudetail der Stauferzeit. Der ursprüngliche, nur von außen über ein treppenartiges Gerüst oder eine Leiter erreichbare Einstieg von Burgsponheim befindet sich ungefähr auf halber Turmhöhe im befensterten vierten Geschoss, das beheizbar war und eine Abortkammer besitzt. Der jetzige Zugang im Parterre ist nachträglich eingebrochen worden. Die Burg, deren andere Gebäulichkeiten sich anhand von Mauerresten in etwa nachweisen lassen, wurde 1620 von General Spinola eingenommen und zerstört. Ein Wiederaufbau erfolgte offensichtlich nicht mehr.

Der Bergfried der erwähnten Burg Lichtenberg – der Oberen Burg – ist wohl

*Abb. 122) Burgsponheim, Bergfried der früheren Burg, Mauerwerk aus Buckelquadern*

*Abb. 123) Burg Lichtenberg bei Thallichtenberg, Bergfried der Oberen Burg, Detail der Buckelquader*

auch in der zweiten Hälfte des 12. oder am Beginn des 13. Jahrhunderts errichtet worden. Der bis zur Dachspitze 33 m hohe Turm hat wie derjenige von Burgsponheim einen quadratischen Grundriss und zeigt ein ähnliches Buckelquaderwerk mit Randschlag und unterschiedlich starken Steinschichten (Abb. 123). Lichtenberg mag hier aufgrund des relativ gut erhaltenen Bestandes in situ exemplarisch für die Baugeschichte einer Burg im Mittelalter wie in der frühen Neuzeit stehen (Abb. 124–128). Die Anlage erstreckt sich auf einem west-östlich orientierten Bergsporn von 425 m Länge und etwa 23 m Breite an der schmalsten Stelle in Richtung Nord-Süd. Das Ganze untergliedert sich in eine Obere Burg im Osten, deren Hauptgebäude der hohe Bergfried und der ehemalige Palas sind, sowie in eine Untere Burg im Westen, die ebenfalls über einen Bergfried, allerdings einen niedrigen, verfügt und zudem die Reste etlicher Burgmannenhäuser aufweist (Abb. 124). In der Mitte dieser beiden zusammengewachsenen und von einer Mauer umgebenen Bereiche liegt die evangelische Kirche von 1755. Die durch eventuelle Angriffe gefährdete östliche Seite des mittelalterlichen Kerns der Oberen Burg wird durch den Inneren Halsgraben gesichert. Ihm sind der tiefere Äußere Halsgraben und der sogenannte Hufeisenturm aus den Jahren um 1620 als Bastion vorgelagert (Abb. 125). Neben einem sich südlich anschließenden Wachthaus liegt das erste Tor, durch das man vorbei am südlichen Zwinger mit einem Rundturm zum zweiten und schließlich zum dritten Tor mit der ehemaligen Zugbrücke gelangt. Damit befindet man sich an der Landschreiberei mit ihrem an der Südostecke positionierten Rundturm, der von einer geschieferten Welschen Haube bekrönt wird (Abb. 127). Die Vorkragung des oberen Geschosses über Konsolsteinen und kleinen Bögen im Dreipassformat deutet auf das 16. Jahrhundert hin (1907 erneuert).
Die Baugeschichte von Lichtenberg ist nicht endgültig erforscht. Nach bisherigem Wissensstand ergibt sich in etwa folgendes Bild: 1214 erste Erwähnung

*Abb. 124) Burg Lichtenberg, Grundriss*

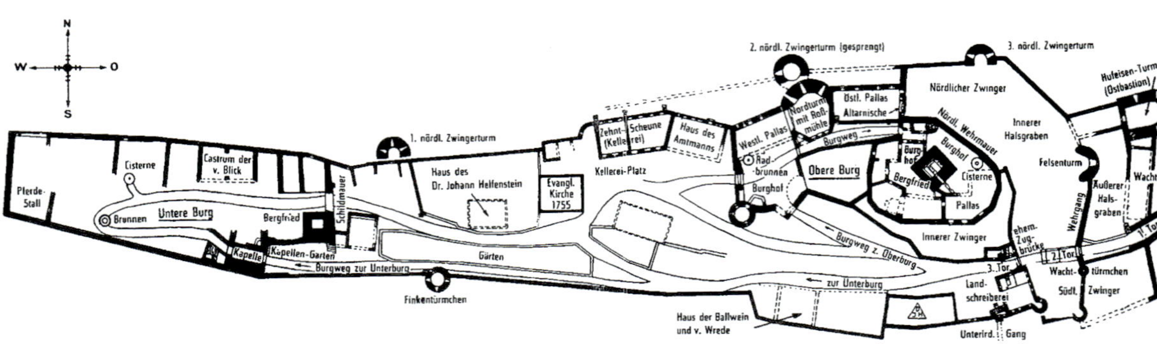

Abb. 125) Burg Lichtenberg (Aufnahme um 2000)

einer durch die Grafen von Veldenz zu Unrecht auf dem Eigengut des Klosters St. Remigius errichteten Burg, die geschleift werden sollte, aber fortbestand. Zur ersten Bauphase gehören der Bergfried der Oberen Burg und eine dieses kleine Areal umfassende Ring- oder Wehrmauer, die auf ihrer Außenseite eine Reihe von doppelt gesetzten Konsolen mit einem Spitzbogenfries darüber aufweist (Abb. 128). Dies ist vermutlich ein Indiz für einen Wehrgang. In diesem ummauerten Kernbereich befanden sich ein Palas, weitere kleinere Bauten und eine Zisterne. Es folgte als nächster Bauabschnitt eine Erweiterung über die innere Ringmauer hinaus. Dazu sind der östliche Palas, der Nordturm mit der sogenannten Rossmühle und ein westlicher Palas zu rechnen. Der Ostpalas, der aus der ersten Hälfte des 14. Jahrhunderts stammt, ist in seiner rechteckigen Umfassung und mit zwei hohen Giebeln erhalten. Fensternischen, die sicherlich später erweitert wurden, und Fragmente von Kaminen lassen Rückschlüsse auf die einstige Wohnsituation zu (Abb. 126). Der östliche dieser Giebel enthält eine Altarnische. In der sich anschließenden Mauerpartie liegt das Tor zum mittelalterlichen Kernbau, der von der genannten Wehrmauer umgürtet wird. Den Zugang zu diesem zweiten Bauabschnitt, das heißt zur Erweiterung der Kernburg, gewährleistete ein dreistöckiges Torhaus im südwestlichen Teil, der

Abb. 126) Burg Lichtenberg, östlicher Palas

zudem von einem Turm geschützt wurde. Von der Oberen Burg war ursprünglich die Untere Burg getrennt. Die alte Grenze der tiefer gelegenen Zone zur höheren ist am unteren Bergfried erkennbar, der die Mitte der einst wichtigen Ostmauer der Unteren Burg einnimmt, einst den südlich gelegenen Zugang zu ihr schützte und sie zugleich von dem höher gelegenen Nachbarn absetzte. Etwas südwestlich versetzt von diesem Bergfried liegt hart an der Ringmauer die ehemalige Kapelle des unteren Burgbereichs, deren Bau für das 13. oder 14. Jahrhundert angenommen wird. Die Wasserversorgung der Unteren Burg besorgten ein Brunnen und eine Tankzisterne. In ihr wurde Regenwasser gesammelt, das sich einige Zeit speichern ließ. Im Jahr 1387 wurde der gesamte Komplex unter zwei Grafenbrüdern aufgeteilt. Nach dem Aussterben der Veldenzer, 1444, wurden die Herzöge von Pfalz-Zweibrücken als deren Erben Burgherren. Sie vereinigten im 15. Jahrhundert nicht nur die Obere und Untere Burg durch eine gemeinsame Außenmauer miteinander, sondern führten die Befestigungen aus, die noch heute das östliche Bild der Burg bestimmen. Dies sind der innere Zwinger mit der genannten Landschreiberei im Süden der Kernanlage und in ihrem östlichen Vorfeld der mit Schalentürmen, darunter der Felsenturm, verstärkte innere Halsgraben. Den festungsartigen Ausbau brachte der nächste Schritt mit sich, als um 1620 die Bastion des Hufeisenturms gebaut wurde. Von ihm zieht sich über den Burgweg und das äußere Tor hinweg ein

*Abb. 127) Burg Lichtenberg, Landschreiberei*

*Abb. 128) Burg Lichtenberg, östliche Wehrmauer der Oberen Burg*

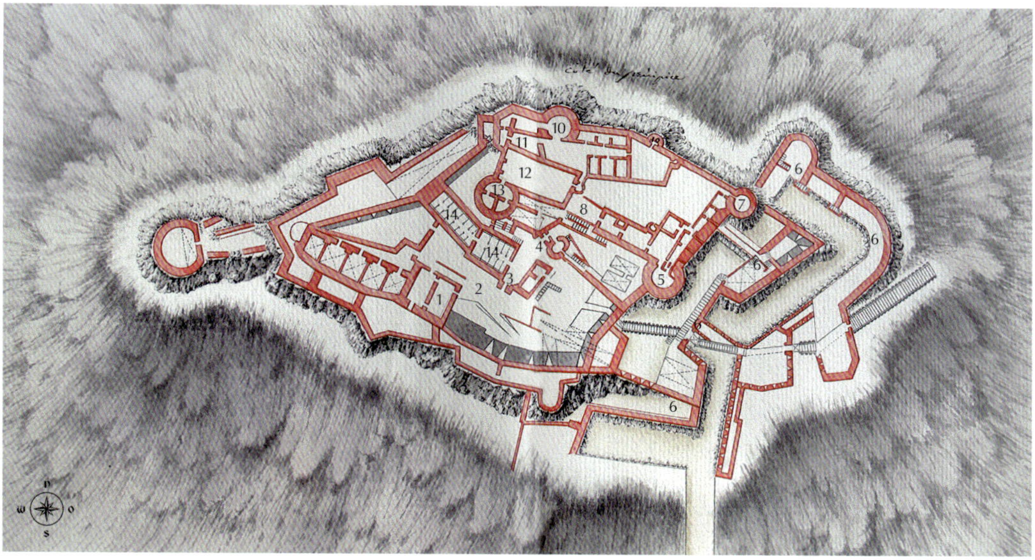


Riegel bis zur südöstlichen Ecke des Zwingers hin. Die mittelalterlichen Burgen hatten sich damit zu einer Festung gewandelt. Ihre Erscheinung wurde allerdings durch Ein- und Umbauten des 20. Jahrhunderts (Jugendherberge im Südosten hinter dem dritten Tor und das Geoskop-Urweltmuseum sowie das Musikantenland-Museum im Gelände der Unteren Burg) verunklart.

Ein zweites Beispiel für die Umwandlung einer Burg in eine Festung ist die Kyrburg oberhalb von Kirn, die wie andere rheinische Burgen und Festungen im Kalkül der nach Osten gerichteten Expansionspolitk unter Ludwig XIV. eine Rolle spielte (Abb. 129–130 und 219). Die ersten bösen Erfahrungen hatte man in Kirn mit französischem Militär während des Holländischen Krieges 1673/74 gemacht. Im Jahr 1681 besetzten französische Truppen die Stadt und ihre Burg und bauten letztere bis 1688/89 festungsartig aus. Begründet wurde diese Aktion mit dem bekannten Reunionsvorwand, nach dem Gebiete, die lehnsrechtlich mit den im Frieden von Münster (1648) abgetretenen Territorien irgendwann verbunden waren, der Krone Frankreichs zuständen. Die von französischen Ingenieuren gefertigten Ausbaupläne der Kyrburg sind erhalten (archiviert in der Nationalbibliothek in Paris und im Militärarchiv des Schlosses Vincennes bei Paris; Abb. 129). Aufgrund der Friedensbestimmungen von Rijswijk (1697) mussten diese Verstärkungen geschleift werden. Danach währten Ruhe und Frieden nur einige Jahre. Im sich anschließenden Spanischen Erbfolgekrieg, ab 1701, wurde die Burg zunächst kurpfälzische, danach kaiserliche Garnison. Im Jahr 1713 ergab sich die Besatzung kampflos den wieder eingerückten Franzosen. Diese neue Besetzung endete 1714. In der Auseinandersetzung um die polnische Thronfolge, ab 1733, war die Naheregion nochmals Kriegsschauplatz. Die Franzosen nahmen Kirn und Kyrburg wie gewohnt ein und verließen die Burg erst, nachdem sie sie 1734 gesprengt hatten. In der Stadt verschanzten sie sich noch, befestigten sie unter der Leitung des bekannten Militärarchitekten Louis de Cormontaigne und rückten endlich 1735 ab (Wiener Präliminarfriede von 1735).

Die Ruine der Kyrburg erstreckt sich in Richtung von Südwest nach Nordost und

*Abb. 129) Kyrburg oberhalb von Kirn, Grundriss*

*1 „Garnison" (heute Restaurant)*
*2 Hof*
*3 Tor*
*4 Tor*
*5 „Frauenzimmerturm"*
*6 Nach 1697 geschleifte Werke*
*7 Kurmainzer Lehenstück*
*8 Große Zisterne*
*9 „Eselsbrunnen"*
*10 Turm „Jagdzimmer"*
*11 Kleine Zisterne*
*12 Großer Saal*
*13 Pulverturm*
*14 Ehem. Ställe (heute unbebaut)*

*Abb. 130) Kyrburg oberhalb von Kirn, hinter dem Bau mit dem Satteldach der Pulverturm als mächtigster Turm*

verteilt sich über mehrere terrassierte Ebenen. Heute gelangt man, da die im Osten gelegenen vorderen Bastionen mit ihren Toren und die zu ihnen und über die Gräben führenden Brücken nicht mehr erhalten sind, direkt zum ersten Hof, der früheren Vorburg. An der Bergkante, zum Nahetal hin, steht ein Haus mit Satteldach, das als ein Neubau aus dem Jahr 1764 (?) interpretiert wird. Vom ersten Hof, der unter anderem im nordwestlichen Bereich bebaut war, und zwar mit Ställen, führt ein Weg zum ersten und zweiten Innentor, das früher einerseits durch einen nur mehr als Stumpf erhaltenen Rundturm und andererseits durch einen halbrunden Turm gesichert wurde (Abb. 130). An ihn schließt sich eine nach Westen verlaufende Mauer an, die auf den mächtigen Rundturm der Südwestecke, den sogenannten Pulverturm, stößt. Er gehört zur Kernburg. Sie erreicht man nach der Passage der beiden Innentore sowie des höher gelegenen zweiten Hofes, indem man einer Treppe zur nächsten Ebene folgt, nämlich zu der-

jenigen der Kernburg. Im dortigen westlichen Bereich befand sich als stattlichster Bau der sogenannte „Große Saal" mit dem „Eselsbrunnen" im Keller. Der östliche Bereich der oberen Ebene hatte dagegen nur eine Randbebauung und war sonst Hoffläche. Neben dem Brunnen gewährleisteten zwei Zisternen, deren Kammern erhalten sind, die Wasserversorgung. Nach Norden und Nordwesten fällt diese hochgemauerte Burgpartie steil zum Trübenbachtal ab. Außer dem großen Pulverturm und den Tortürmen war die Kyrburg mit Rundtürmen an der Südost- und Nordostecke sowie an der steilen nördlichen Seite bewehrt. Die Nordwestecke war bastionsartig verstärkt, und ein Außenwerk mit einem weiteren Rundturm war nach Südwesten vorgeschoben. Der Bericht eines französischen Ingenieurs von 1688 nennt insgesamt acht Türme. In diesem Kommuniqué geht es vor allem um die fortifikatorische Verstärkung der Ostseite, die als Zugang von der Stadt aus eines besonderen Ausbaues durch Demi- und Vollbastionen bedurfte. Die Rede ist auch von Kasematten, Souterrains und Kaponnieren – gewölbten, schusssicheren Hohlbauten in den zu verstärkenden Graben. Es muss sich um eine enorme Anlage gehandelt haben, in der bis zu 150 Pferde untergebracht werden konnten, wie die lokale Kirner Geschichtsschreibung der 1840er Jahre angemerkt hat.

Bauplastische Elemente, die Rückschlüsse auf Datierungen gestatten, sind minimal. Auf halber Höhe des Pulverturms befindet sich in dem Winkel, den er mit dem östlich an ihn grenzenden Bau bildet, eine sehr verwitterte Narrenfratze mit der im Fries eingemeißelten Jahres-

*Abb. 131) Burgruine Dalberg über dem Gräfenbachtal, Südseite, Spitzbogenfries des „Langen Saales"*

*Abb. 132) Reipoltskirchen im Odenbachtal (Landkreis Kusel), ehem. Wasserburg, Bergfried mit einem Rundbogenfries als Blendmaßwerk*

Abb. 133) Hochstetten-Dhaun, Ortsteil Dhaun mit dem bastionierten Schloss

zahl 1526. In dieser Zeit ist der Turm, der im unteren Bereich wohl mittelalterlich ist, sicherlich aufgestockt und verstärkt worden. Einige Steinmetzzeichen sind an dem Konsolgesims des halbrunden

Abb. 134) Schloss-Dhaun, innere Gänge in der östlichen Bastion

Turms erhalten, der den zweiten inneren Burgeingang beschirmte. Vielleicht ist dies der Rest eines Wehrganges. Gestalterische Ausführungen sind auch an anderen Burgen an Nahe und Glan selten. Reste von Bogenfriesen, die nach außen Stockwerke untergliedern, finden sich hin und wieder, wie etwa an der Burgruine Dalberg über dam Gräfenbachtal. An der Südmauer des sogenannten „Langen Saales" ist eine vorspringende Sandsteinreihe in Spitzbogenformation des 14./15. Jahrhunderts erhalten (Abb. 131). Hervorzuheben ist aufgrund seines dekorativen Anspruchs der Bergfried der ehemaligen Wasserburg Reipoltskirchen im Odenbachtal (Kreis Kusel), der von einem Rundbogenfries mit Blendmaßwerk des frühen 16. Jahrhunderts abgeschlossen wird (Abb. 132). Der untere Teil dieses Turms ist mittelalterlich und zeigt teilweise ein Mauerwerk von staufischen Buckelquadern.

Abb. 135) ‚Schloss' Wartenstein über dem Kellenbachtal

Die im 16./17. Jahrhundert festungsartig ausgebaute Burg Lichtenberg und die Kyrburg sind die bedeutendsten Beispiele für eine fortifikatorische Fortentwicklung. Mit ihr sahen sich Burgherren konfrontiert, wenn sie gegen die neuzeitliche Waffentechnik mit der gesteigerten Durchschlagskraft der Kanonen bestehen wollten. Die Verstärkung der Außenwerke durch Bastionen war das Gebot der Stunde. Ein weiteres Beispiel dieser Art ist Schloss Dhaun, dessen gefährdete südliche Landseite im 16. Jahrhundert durch Geschütztürme gesichert wurde (Abb. 133 und 220–221). Die inneren Etagen sind durch Gänge miteinander verbunden und weisen gewölbte Verteidigungskammern auf (Abb. 134).

Das Gros der Burgen erlebte nach ihrer mehr oder weniger kompletten Zerstörung im Pfälzischen Erbfolgekrieg keine Wiederauferstehung. Strategisch unbedeutende Anlagen hatte man auch schon früher aufgegeben. Burgen waren im 18. Jahrhundert nicht mehr zeitgemäß, und ramponierte Bauten wurden kaum mehr in der alten Form wiederhergestellt. Hielt man an dem gegebenen Standort fort, so bemühte man sich um einen schlossartigen Ausbau wie in Dhaun ab 1729, Gärten französischen Stils unterstrichen den höfischen Charakter. Die unweit über dem Kellenbachtal gelegene Burg Wartenstein, die in den 1680er Jahren niedergelegt worden war, ersetzten die Freiherren von Warsberg durch einen langgestreckten, vielachsigen Rechteckbau, der vor allem Verwaltungssitz dieser kleinen Herrschaft und weniger feudale Wohn- und Repräsentationsstätte war (Abb. 135). Gleichwohl hat sich hierfür der Begriff Schloss eingebürgert. Nachfolgebau der 1697 untergegangenen Ebernburg bei Bad Münster am Stein war aber ein echtes Schloss. Das freiherrlich-gräfliche Geschlecht der von Sickingen erbaute sich zwischen

Abb. 136) Bad Kreuznach, die ausgebaute Kauzenburg

Abb. 137) Altenbaumburg über dem Alsenztal, die ausgebaute Ruine

1746 und 1748 in der Nahe-Aue das sogenannte Talschloss, eine dreiflügelige Barockanlage, die allerdings 1794 von französischen Revolutionstruppen niedergebrannt wurde.

Im 19. Jahrhundert setzte sich der allgemeine Burgenverfall fort. Erst zögerlich besann man sich auf die historische, auf die *vaterländische* Bedeutung. Die *Burgenromantik* erreichte auch das Land an der Nahe. Der Kirner Lederfabrikant Simon erwarb 1886 die Burgruine Dhaun und ließ sie historistisch überformen. Eigentümer der Burgruine Kauzenburg oberhalb von Kreuznach war schon 1803 Andreas van Recum – ein hoher kurpfälzischer Beamter, der sich vor allem um den Weinbau verdient gemacht

hatte – dann, 1881, übernahmen die Eisenhüttenunternehmer Puricelli das Anwesen. Die private Nutzung ging auch im 20. Jahrhundert weiter. Elmar Pieroth, Weinhändler und Politiker, beauftragte den renommierten Architekten Gottfried Böhm mit dem Ausbau der Ruine nach gastronomischen Gesichtspunkten, der ihr Anfang der 1970er Jahre ihre heutige Gestalt gab. Sie sorgt mit den dominierenden, eckigen Erkern aus Metall und Glas, die über die talseitige Mauerkrone springen, nach wie vor für kritische Stellungnahmen mit dem Tenor: denkmalgerecht oder denkmalstörend? (Abb. 136). Solche Diskussionen können sich auch an Bauten entzünden, die in den 1980er Jahren weitgehend restauriert und zum Teil historischen Vorlagen baulich nachempfunden wurden. Die Auferstehung der Altenbaumburg oberhalb der Alsenz ist ein solcher Fall (Abb. 137). Überlieferte Bausubstanz geht in neue über; die Unterschiede verwischen sich. Insofern kann man sich fragen, ob das an der Kauzenburg angewendete Konzept der Sichtbarkeit von Alt und Neu nicht vorzuziehen ist.

*Abb. 138) Meisenheim, Schlosskirche, Epitaph in der Schlosskapelle für Herzog Wolfgang von Pfalz-Zweibrücken († 1569) und seine Frau Anna geb. Landgräfin von Hessen († 1591)*

## Neuzeit

### Renaissance

*Kirchenbau*

Die baulichen Leistungen des 16. und auch frühen 17. Jahrhunderts konzentrierten sich im profanen Bereich auf die Verstärkung einiger Burgen. Für ein gewisses städtisch-bürgerliches Bewusstsein sprechen manche Beispiele des anspruchsvollen Hausbaues, insbesondere von Fachwerkhäusern aus der Zeit um 1580 bis 1600. Hinzuweisen ist auf die Rathäuser, die als Massivbauten im 16. Jahrhundert errichtet wurden. Im sakralen Bereich war der Bedarf an Kirchenneubauten oder Chorerweiterungen Anfang des 16. Jahrhunderts gedeckt. Die Freude fürstlicher Selbstdarstellung und Repräsentation richtete sich verstärkt auf die innere Gestaltung der protestantisch gewordenen Kirchen, die man mit Grabdenkmälern bereicherte. Es handelte sich nicht mehr wie in den vorangegangenen Jahrhunderten um Grabplatten, die höchstenfalls die idealisierte Gestalt der Verstorbenen zeigen, sondern um opulent gestaltete Werke, die manchmal einen altarähnlichen Charakter annehmen.

Diese Arbeiten verkörpern eindeutig die Formenwelt der Renaissance, die in dieser Gegend besonders deutlich von der Reformation und dem mit ihr verbundenen Humanismus geprägt wurde. Der erste Rang gebührt in dieser Hinsicht Meisenheim als zeitweiser Residenz der Herzöge von Pfalz-Zweibrücken (Veldenz), welche die Schlosskirche als ihre Grablege auserkoren. Im wild- und rheingräflichen Territorium um Kirn nahm die ehemalige Stiftskirche St. Johannisberg eine solche Aufgabe wahr.

In dichter Folge bedecken in der Grabkapelle der Meisenheimer Schlosskirche die Epitaphe herzoglicher Familienangehöriger die Wände. Der räumliche Abstand ist so gering, dass man kaum die Individualität der einzelnen Denkmäler wahrnimmt, von denen hier zwei exemplarisch vorgestellt seien. Ein besonders stattliches verewigt Herzog Wolfgang von Pfalz-Zweibrücken († 1569) und seine Frau Anna geb. Landgräfin von Hessen († 1591) (Abb. 138). Das aus Tuffstein geschaffene Grabmal wurde 1575 aufgebaut, folglich etliche Jahre vor dem Tod der Herzogin. Das Zentrum des 6,60 m hohen Monuments bildet das lebensgroß wiedergegebene fürstliche Paar, das kniend und betend dem Gekreuzigten seine Verehrung bekundet. Darüber bezeugen in einem Segmentbogen Gottvater und der Heilige Geist in der Gestalt der Taube das Glaubensanliegen der Verstorbenen. Eingebunden ist das Geschehen in eine üppige Architektur, die seitlich von vorgesetzten Pilastern begrenzt wird. Auf ihnen sind die Wappen der Nobilitäten postiert, deren Ahnenprobe an den Frontseiten dieser Wandpfeiler appliziert ist. Über ihrem verkröpften Gesims erhebt sich ein zweifach gegliederter Aufbau, der von einer mariengleichen Figur bekrönt wird. Sie soll die gegenseitige Liebe des Ehepaares symbolisieren. Beherrschender Eindruck des Epitaphs ist seine vielschichtige Plastizität. Die Finesse der dargestellten Details verblüfft. Die Formensprache vor allem der Architekturgliederung ist unverkennbar von der Renaissance mit ihrer antiken Verbundenheit beseelt. Augenscheinlich hat das verstorbene Fürstenpaar das Mittelalter hinter sich gelassen und sich einer neuen Zeit zugewendet. Ein zweites Grabdenkmal, das Johann von Trarbach für die Kapelle der Meisenheimer Schlosskirche geschaffen hat, erinnert an die 1576 verstorbene Pfalzgräfin Anna. Es handelt sich im Wesentlichen um eine Schrifttafel mit umfangreichem Text, der das gottesfürchtige Leben der Fürstin würdigt. Die Tafel wird von Pilastern mit Wappendekor gerahmt, der sich wie bei dem vorigen Epitaph darstellt. Den zweiteiligen Aufbau mit Segmentbogen und einem Relief der Taufe Christi bekrönt ein auferstandener Christus in ähnlicher Position wie die Figur der Liebe über dem Grabmal von Herzog Wolfgang und seiner Frau Anna.

1585 starb im Alter von dreißig Jahren der Wild- und Rheingraf Johann Christoph. Er war mit Dorothea von Mansfeld-Eisleben verheiratet. Das Gedächnis an dieses Ehepaar und seine Kinder hält ein 4,70 m hohes tuffsteinernes Epitaph in der Stiftskirche zu St. Johannisberg wach (Abb. 139). Die Verstorbenen knien wieder andächtig und mit zum Gebet gefalteten Händen unter dem Kruzifix. Aufgelockert wird die statuarische Haltung durch die beiden Kinder am Kreuzesfuß, die sich ebenfalls standesgemäß in höfischer Kleidung zeigen. Im Aufbau und Dekor des Monuments sind Parallelen mit Meisenheim so unübersehbar, dass sich eine gemeinsame künstlerische Herkunft nicht bestreiten lässt. Nicht nur der Stilvergleich, sondern auch schriftliche

Quellen belegen, dass beide Arbeiten aus der Werkstätte des Bildhauers Johann von Trarbach (1536–1586) stammen. Der Meister war ab 1557 und bis zu seinem Tod am Hof der kunstsinnigen Herzöge von Pfalz-Simmern tätig. Als Grablege hatte diese Wittelsbacher Nebenlinie die Kirche St. Stephan in ihrer Residenzstadt Simmern auf dem Hunsrück gewählt. Mehrere der dortigen fürstlichen Grabmäler gehen auf Johann von Trarbach und seine Mitarbeiter zurück. Der Wirkungsbereich ging weit über den Hunsrück hinaus, was bei der starken verwandtschaftlichen Verflechtung der Wittelsbacher in Südwestdeutschland und den Kontakten zwischen ihren Höfen kaum erstaunt. So erklären sich Johann von Trarbachs Verbindungen mit dem pfälzisch-zweibrückischen Meisenheim, dessen territoriale Nachbarn die Wild- und Rheingrafen waren.

Das Denkmal des Wild- und Rheingrafen Johann Christoph und seiner Frau Dorothea präsentiert sich neben demjenigen des Wild- und Rheingrafen Philipp, das gut sechzig Jahre älter ist. Vergleicht man die Körpersprache der dargestellten Personen miteinander, so fällt ein Kontrast zwischen einer betonten Lebendigkeit und einer gewissen Steifheit auf (Abb. 116 und 139). Die Natürlichkeit, welche die Figur Philipps ausstrahlt, ist dem Ehepaar Wolfgang und Dorothea fremd. Es bemüht sich um eine quasi staatstragende Souveränität, die sich auch als Starrheit interpretieren lässt. Man kann

*Abb. 139) Hochstetten-Dhaun, ehemalige Stiftskirche St. Johannisberg, links Grabdenkmal des Wild- und Rheingrafen Philipp († 1521), in der Mitte Epitaph für den Wild- und Rheingrafen Johann Christoph († 1585) und seine Frau Dorothea geb. Gräfin von Mansfeld-Eisleben und ihre Kinder*

*Abb. 140) Hochstetten-Dhaun, ehemalige Stiftskirche St. Johannisberg, Grabdenkmal des Wild- und Rheingrafen Johann Philipp († 1693) und seiner Frau Anna Catharine geb. Gräfin von Nassau-Saarbrücken (Ausschnitt)*

*Abb. 141) Meisenheim, Rathaus, Portal des Treppenhauses in der Erdgeschosshalle*

*Abb. 142) Meisenheim, Rathaus, Wendeltreppe*

sich fragen, ob der Auftraggeber des Grabmales auf eine solche Haltung Wert legte. Jedenfalls besteht ein qualitativer Unterschied im Künstlerischen zwischen der Darstellung der Porträtierten und dem bis ins Detail ausgearbeiteten Schmuckwerk des rahmenden Umfeldes.

Johann von Trarbachs Bildhauerwerkstätte arbeitete auch nach seinem Tod weiter. Die hohe Zeit der figürlichen Renaissance-Bildnisse ging aber ihrem Ende entgegen. Große Leistungen auf diesem künstlerischen Gebiet sind erst wieder in der zweiten Hälfte des 17. Jahrhunderts zu verzeichnen, von denen man sich auch in der Kirche von St. Johannisberg überzeugen kann. So stellt das Grabmal des Wild- und Rheingrafen Friedrich Philipp († 1668) überzeugend einen selbstbewussten Weltmann vor, dessen Körperhaltung barocke Bewegtheit ausdrückt. Sie wird in schon theatralischer Weise von dem Wild- und Rheingrafen Johann Philipp († 1693) und seiner Frau Anna Catharine geb. Gräfin von Nassau-Saarbrücken gesteigert (Abb. 140).

### Hausbau

Schon im Mittelalter war es ein Anliegen des städtischen Bürgertums, seine Selbstverwaltung, wie sie in gewisser

*Abb. 143) Meisenheim, das Rathaus in der Untergasse 23*

Form auch in landesherrlichen Städten möglich war, in gebührender Weise, nämlich in der Gestalt von Rathäusern, darzustellen. Leider sind keine frühen Beispiele erhalten. Der älteste Beleg, der sein ursprüngliches Aussehen weitgehend bewahrt hat, findet sich in Meisenheim. Das dortige Rathaus, als dessen Architekt Philipp von Gmünd gilt – bekannt als Verantwortlicher des Baues der Schlosskirche – stammt, wie sich archivalisch ergibt, aus den Jahren vor 1517. Dendrochronologische Untersuchungen präzisieren die Kernbauzeit auf 1505/06 (Abb. 141–143). Damals entstand ein schmaler Bau in der Untergasse. Die Front belebt ein rechteckiger Erker mit Blendmaßwerk auf der

Abb. 144) Bad Sobernheim, Marktplatz mit Rathaus und „Alter Apotheke"

Unterseite. Spätgotische Spitzbögen mit barocken Türen gewähren den Zutritt zu einer einst sicherlich offenen Halle – der Markthalle. Im Jahr 1580 wurde das Haus vergrößert und erhielt ein vom Erdgeschoss zu begehendes Treppenhaus mit offener Spindel, die man nachträglich, 1652, durch eine eingestellte Säule sicherte. Es handelt sich um den mit einer prächtigen Renaissance-Architektur geschmückten Aufgang zum Ratssaal, der den vorderen Bereich des ersten Geschosses einnimmt. Zeitgleiche Bauten ähnlicher Gestalt besaßen auch das alte Kreuznach und Kirn, wie es historische Abbildungen darlegen. Das Bad Sobernheimer Rathaus, dessen Front von einem Balkon mit Maßwerkbrüstung geschmückt wird, stammt allerdings aus dem 19. Jahrhundert (Abb. 144). Im Jahr 1861 wurde der Vorgängerbau wegen Baufälligkeit abgebrochen, und anschließend wurde das heutige Rathaus mit seinem neogotischen Dekor errichtet. Das Wappen im Zwerchhaus stammt von der ersten Anlage. Historische Rathäuser, die häufig von einem Glockentürmchen bekrönt werden – eine Notwendigkeit für öffentliche Ankündigungen – sind nicht unbedingt ein Kriterium für ein städtisches Umfeld, sondern finden sich ab dem 15./16. Jahrhundert in massiver Ausführung auch in kleinen Gemeinden, etwa in Simmertal bei Kirn (Abb. 222) oder in Duchroth (Abb. 232). Mögen es auch dörfliche Bauten sein, so ist ihre Verwandtschaft mit den urbanen Beispielen unübersehbar. Dies zeigt besonders deutlich der Erker des kleinen Rathauses in Merxheim, das inschriftlich 1550 datiert ist (Abb. 145–146). Phantasievolle Renaissance-Mas-

Abb. 145) Merxheim, Rathaus, Großstr. 34

Abb. 146) Merxheim, Rathauserker, Großstr. 34

ken bereichern das Brüstungsfeld, und Steinmetzzeichen bekunden die Meisterlichkeit des Baugeschehens. Im Hinblick auf die Fachwerkbauweise ist das Rathaus von Frei-Laubersheim von 1603 zu erwähnen, dessen Besonderheit der hölzerne, polygonale Eckerker ist (Abb. 240). Ein jüngeres Fachwerkrathaus – 18. Jahrhundert – steht in Boos bei Bad Sobernheim und zeigt mit seiner offenen Halle die ursprüngliche Situation derartiger Bauten (Abb. 147).

Die Anzahl der erhaltenen Wohnhäuser des 15. und der ersten Hälfte des 16. Jahrhunderts, die im Auftrag landesherrlicher, kirchlicher, adeliger oder auch bürgerlicher Bauherren errichtet wurden, ist überschaubar. Durchweg sind diese Bauten im Laufe der Jahrhunderte verändert worden. Die meisten Beispiele mit historischer Substanz kennt Meisenheim. Sie wie diejenigen der anderen Städte werden ausführlicher bei den Exkursionsvorschlägen vorgestellt (vgl. ab S. 137). Ein nachstehender kurzer, exemplarischer Überblick soll die Entwicklungslinien differenziert nach Massiv- und Fachwerkbau darlegen. Als ältestes steinernes Haus der Region kann Meisenheim, Untergasse 1, gelten (Abb. 148). Der mittelalterliche Charakter offenbart sich allerdings nicht an der Straßenfassade, die barock überformt worden ist, sondern an der Hausrückseite mit Fenstern, die gotische Dreipassstürze aufweisen. Laut Dendro-Untersuchung stammt der Bau im Kern aus den Jahren um 1437. Ähnlich gearbeitete Fenstergewände hat ein zweites Haus in Meisenheim bewahrt: Obergasse 31 (Abb. 149–150). Auch dieses Gebäude ist indes so stark verändert worden, dass keine Rückschlüsse auf die ursprüngliche Gestalt möglich sind. Zahlreicher sind die Beispiele des 16. Jahrhunderts. Sie zeichnen sich, den Rathäusern nicht unähnlich, in der Regel durch Erker aus, die drei- oder vierseitig in den Straßenraum vorspringen, manchmal vom Erdgeschoss bis unter das Dach reichen oder auch so übereck positioniert sind, dass sie den Einblick in zwei oder mehrere Straßen gewähren. Als Beispiel für die dreieckige Variante kann der Priorhof in Bad Sobernheim genannt werden, der als städtisches Hofhaus des Klosters Disibodenberg um 1572 errichtet wurde. Die Unterseite des Vorsprungs ziert eine bärtige Maske (Abb. 151). Im Falle des Bad Sobernheimer Hauses Wilhelmstraße 3 ist der Vorbau sogar zum Hausnamen geworden. Das dortige „Haus zum Kleinen Erker" zeigt eine besonders prächtige Renaissance-Getaltung. Ein liegender, halb vortretender Mann, der möglicherweise den

*Abb. 147) Boos, Rathaus und evangelische Kirche*

Abb. 148) Meisenheim, Untergasse 1 und Amtsgasse 12 („Gelbes Haus“)

Abb. 149) Meisenheim, Obergasse 31

Abb. 150) Meisenheim, Obergasse 31, Giebeldetail (unten)

Abb. 151) Bad Sobernheim, Priorhofstr. 17, Priorhof

Abb. 153) Merxheim, Bachstr. 17

früheren Hausherrn personifiziert, unterfängt den Vorbau (Abb. 152). Das Haus ist 1614 und 1622 inschriftlich bezeichnet. Sein Formenkanon deutet aber eher auf das späte 16. Jahrhundert hin. Stellvertretend für den rechteckig ausgebildeten Erker mag ein Haus in Merxheim (Bachstr. 17) sein, das aus der Zeit um 1572 stammt (Abb. 153); und die übereck gesetzte Formation findet sich etwa in Bad Kreuznach, am sogenannten Dienheimer Hof (Mannheimer Str. 6), der noch spätmittelalterlichen Ursprungs ist und um 1563 ausgebaut wurde (Abb. 154). Besonders repräsentativ gibt sich der dreistöckige Standerker der einstigen Kurmainzischen Faktorei in Waldböckelheim (Hauptstr. 6), dessen Brüstungen unter anderem mit antikisierenden Männerbildnissen geschmückt sind (Abb. 155). Der Kern des Baues geht auf die Zeit um 1575 zurück.

Abb. 152) Bad Sobernheim, Wilhelmstr. 3, „Haus zum Kleinen Erker“

Nur wenige Fachwerkbauten des späten Mittelalters sind erhalten. Das älteste Beispiel steht in Idar-Oberstein (Stadtteil Oberstein, Hauptstr. 468–470). Das dendrochronologisch um 1412 datierte, allerdings später recht stark überformte Haus stellt aufgrund seiner Zimmerungsstruktur noch eine Verbindung der Geschoss- mit der Stockwerkbauweise dar. Die große Zeit der Fachwerkarchitektur war erst das letzte Viertel des 16. Jahrhunderts, das mit einigen beeindruckenden Bauten vertreten ist. Ihr Untergeschoss ist massiv ausgeführt; das Holzwerk der oberen Etagen glänzt oft mit einem Formenreichtum, der hinter dem der Massiv-

Seite 103:
Abb. 154) Bad Kreuznach, Mannheimer Str. 6, Dienheimer Hof

Abb. 155) Waldböckelheim, Hauptstr. 6, ehemalige Kurmainzische Faktorei

Abb. 156) Monzingen, Hauptstr. 59–63

bauten keineswegs zurücksteht. Die immer wieder zitierten Beispiele für eine solche phantasiereiche Schnitzkunst der Zimmerleute befinden sich im Ortskern von Monzingen (Hauptstr. 59 und 64) und in den Städten Meisenheim (Untergasse 54) sowie Kirn (Steinweg 8). Das prächtigste Haus in Monzingen, das sich laut Inschrift 1589 Matthias Knorr – einst Bürgermeister und Schultheiß – erbauen ließ, steht gegenüber dem neogotischen Rathaus, kragt weit über den massiven Unterbau vor, besitzt einen noch weiter vorspringenden zweietagigen Eckerker und zeigt eine geschweifte Giebelsilhouette (Abb. 156). Zur Hauptstraße ist der Eingang eines früheren Ladenraums orientiert, dessen Situation große, korbbogenartig gerundete Fenster bezeichnen. Ein zweiter Eingang – der einstige private – liegt an der Traufseite. Er führt in einen Treppenturm, dessen Haube aus dem Dach ragt. Das Pendant zu diesem Monzinger Haus ist das schon erwähnte Beispiel in Meisenheim, dessen äußere Gestalt und dessen Fachwerkdekor große Ähnlichkeiten miteinander zeigen (Abb. 157). Auch ist die Erschließung über zwei Hauseingänge in gleicher Art konzipiert. Der massive und polygonale Treppenturm mit Wendeltreppe, der wieder als privater Zugang zu den oberen Stockwerken zu verstehen ist, überragt ebenfalls das Dach (Abb. 158). Als Bauherrn hat die Lokalforschung einen Metzgermeister Thein ermittelt, der sich das Haus 1590/91 errichten ließ (Dendro-Datum). Beispielhaft vereinigt es in seiner Verbindung von Fachwerk- und Holzbauweise verschiedene Bautechniken miteinander.

*Abb. 157) Meisenheim, Untergasse 54*

*Abb. 158) Meisenheim, Untergasse 54, Hofseite mit Treppenturm*

Fachwerkbauten des späten 16. oder frühen 17. Jahrhunderts sind auch die berühmten Bad Kreuznacher Brückenhäuser – touristischer Magnet der Altstadt (S. 6 und Abb. 159). Sie stehen auf Pfeilern dieses alten Naheübergangs, kragen weit über diese flussaufwärts hinaus und stützen sich auf eine Art von Fußstreben. Das Fachwerk ist aufgrund seines Verputzes und der Schieferung leider nicht sichtbar und insofern formal und stilistisch auch nicht datierbar.

*Abb. 159) Bad Kreuznach, Brückenhäuser auf der Nahebrücke*

*Abb. 160) Spabrücken, katholische Pfarrkirche Mariä-Himmelfahrt*

## Barock

Der seit jeher eng mit der Territorialherrschaft verbundene Kirchenbau erlebte in der ersten Hälfte des 18. Jahrhunderts einen neuen Aufschwung. Der zum Katholizismus konvertierte Landesherr der Grafschaft Dalberg hat-

Seite 107:
Abb. 162) Spabrücken, katholische Pfarrkirche Mariä-Himmelfahrt, Blick nach Westen

Abb. 161) Spabrücken, katholische Pfarrkirche Mariä-Himmelfahrt, Blick auf den Hauptaltar

te sein kleines Gebiet den Franziskaner-Minoriten geöffnet, die im mittleren 17. Jahrhundert nach Kreuznach zurückgekehrt waren, und ihnen den Bau eines Klosters in Spabrücken gestattet. Das Äußere der zwischen 1731 und 1736 von einem Ordensarchitekten, dem Bruder Agnellus Homburg, erbauten Kirche, die gemäß der Baugepflogenheit dieser klösterlichen Gemeinschaft keinen Turm besitzt – sie verfügt über zwei Dachreiter – präsentiert sich rein barock (Abb. 19). Der Giebelumriss ist mehrfach im konkaven und konvexen Wechsel geschwungen, die mehretagigen Dachreiter besitzen welsche Hauben, und der bewegte Aufbau des Hauptportals wird von einer Marienfigur in einer Ädikula bekrönt, die beidseitig von etwas kleineren Skulpturen, die Ordensangehörige darstellen, in gleicher Auffassung begleitet werden (Abb. 160). Das Innere – ein Saalbau – überrascht mit der traditionellen Konstruktion eines spätgotisch wirkenden Kreuzrippengewölbes, das zu jener Zeit schon längst als antiquiert galt. Diese Hinwendung zu einer altüberlieferten Bauweise ist indes als ein bewusster gegenreformatorischer Akt zu verstehen. Man besann sich auf die mittelalterliche Glaubenswelt und wollte dies auch architektonisch kundtun. Mit dieser Auffassung kontrastiert die üppige Ausmalung, die das Marienleben verklärt und deren farbige Ornamentik aus Muschel- und Rocailleformen besteht. Die Ausstattung der Kirche inklusive der Orgel entspricht ihrer Erbauungszeit und ist einheitlich barock (Abb. 161 und 162). Die Altäre, insbesondere der Hauptaltar, werden von einer sich ausgesprochen dynamisch gebenden Architektur bestimmt, deren vorgerückte Säulen stark profilierte und gebrochene Gesimse unterfangen. Effektvoll bezieht der Hauptaltar das obere Rundfenster des Chores in seinen Aufbau mit ein und erreicht so vor allem in der Morgensonne einen beeindruckenden Lichteinfall von beinahe schon magischer Wirkung. Das Figurenprogramm ist auf den Orden ausgerichtet, dessen Glaubenstaten verherrlicht werden. Ein Pater triumphiert beispielsweise, den Blick zum Himmel erhoben, mit dem Kreuz in der einen und der Kreuzes-

Abb. 163) Spabrücken, katholische Pfarrkirche Mariä-Himmelfahrt, Detail des Hauptaltars

Abb. 164) Dalberg, katholische Kirche St. Leonhard, einstiger Hauptaltar

fahne in der anderen Hand über einen am Boden darniederliegenden Muselmanen (Abb. 163).

Barocke Formenfreude lässt sich auch in der katholischen Kirche St. Leonhard in Dalberg erleben, die so etwas wie die Hauskirche des einstigen freiherrlichen Hauses war. Der kleine Bau, der im 18. Jahrhundert eine neue Ausstattung erhielt (Abb. 111), bewahrt einen Hauptaltar, der heute allerdings aus liturgischen Gründen nicht mehr seine alte Stelle im Chor einnimmt, sondern an die Seite gerückt ist (Abb. 164). Sein Mittelpunkt ist eine etwas derb geratene Pieta. Über ihr zeigt sich das dalbergsche Wappen. Eingefasst wird das Ganze von gedrehten, auf Podesten stehenden Säulen, die ein mehrfach profiliertes Gesims mit Segmentbogen tragen. Ingesamt gesehen, handelt es sich kaum um ein anspruchsvolles höfisches Werk, sondern um eine ländliche Arbeit im Sinne der Volksfrömmigkeit. Deswegen sei sie erwähnt.

Barocke Gestik ist bekanntlich keine katholische Exklusivität, sondern auch protestantischer Konsens. In den pfälzischen Gebieten wechselten im 17./18. Jahrhundert die konfessionellen Zugehörigkeiten öfters, so dass sich aus ihnen im Gegensatz zu dem besonderen Fall von Spabrücken kaum Folgerungen für den Kirchenbau ableiten lassen. Dies gilt auch für die Pauluskirche in Bad Kreuznach, die bei der Einnahme der Stadt durch französische Truppen im Jahr 1689 weitgehend zerstört wurde und in den nächsten Jahren nur halbwegs unter Erhalt des gotischen Chores wiederhergestellt werden konnte. Inzwischen war die Kirche katholisch geworden, wurde zeitweise simultan genutzt und anschließend wieder protestantisch.

*Abb. 166) Meisenheim, Schlosskirche, Detail des Kanzelkorbs*

*Abb. 165) Meisenheim, Schlosskirche, Kanzel*

Im zweiten Drittel des 18. Jahrhunderts trug sich die Gemeinde mit Neubauplänen, die zwischen 1768 und 1781 nach dem Entwurf und unter der Leitung von Philipp Heinrich Hellermann, Landbaudirektor im Herzogtum Pfalz-Zweibrücken und wohnhaft in Meisenheim, realisiert wurden. Die Pauluskirche erhielt damals ihre heutige Gestalt mit ihrem charakteristischen barocken Turm, dessen Helm sich von einer Zwiebelform, über eine Laterne bis zu einem abschließenden Knauf verjüngt (Abb. 83). Hellermanns Bauschaffen wird von zahlreichen Kirchenneubauten und Ausbauten im ehemaligen Herzogtum bezeugt. Der Arbeitsradius reichte von Nohfelden an der oberen Nahe über Kusel, Jeckenbach, Lettweiler und Odenbach bis Meisenheim und Kreuznach. Nach künstlerischen Kriterien sind diese Bauten wenig spektakuläre Entwürfe. Vieles wiederholt sich innerhalb eines bestimmten Formenrepertoires. Schlichtheit und Sparsamkeit sind spürbar, die sicherlich der schwierigen finanziellen Situation der Bauherren geschuldet sind.

Als Ausnahmeerscheinung ist die barocke Ausstattung der Meisenheimer Schlosskirche aus den Jahren 1766 bis 1770 zu würdigen. Die Leitung für diese umfangreiche Baumaßnahme oblag ebenfalls Hellermann. Sichtbarster Ausdruck der Neugestaltung ist die prächtige Kanzel aus naturbelassenem Eichenholz, die ein Meisterwerk des einheimischen Schreiners und Bildhauers Johann Christoph Schmidt sowie seiner Söhne ist. Manche Meisenheimer Häuser zeigen von

*Abb. 167) Meisenheim, Schlosskirche, Orgel*

ihnen gearbeitete Haustüren und Fensterläden, die sie mit aufwendigen barocken Schnitzarbeiten geschmückt haben und denen der Senior den Namen „Türenschmidt" verdankte. Der Kanzelkorb der Schlosskirche, der sich aus einer Schale öffnet, ist reich mit einem Spiel von Muscheln und Rocaillen verziert, das am leicht erhabenen Lesepult von einem Putto unterfangen wird (Abb. 165–166). Der Schalldeckel stellt nicht nur den tatsächlichen, sondern mit seinem kaum entwirrbaren üppigen Rankenwerk, das von einem Blumenstrauß bekrönt wird, auch den formalen Höhepunkt dieser Verkündigungsstätte des Wortes Gottes dar. Die Schreiner Schmidt schufen auch die spätbarocke Umfassung der Orgelempore, deren Brüstung die westlichen Pfeiler des Langhauses einbindet. Die Orgel von 1797 ist ein Werk der Brüder Stumm aus Rhaunen auf dem Hunsrück (Abb. 167), die bereits 1739 ein solches Instrument in die Sobernheimer Matthiaskirche eingebaut hatten (Abb. 168). Die Einfassungen beider Emporen sind im Formal-Dekorativen sehr verwandt miteinander.

Das Kircheninterieur insgesamt erlebte in der zweiten Hälfte des 18. Jahrhunderts eine besondere gestalterische Aufmerksamkeit, natürlich im barocken Sinn. Die Klosterkirche in Pfaffen-Schwabenheim erhielt beispiels-

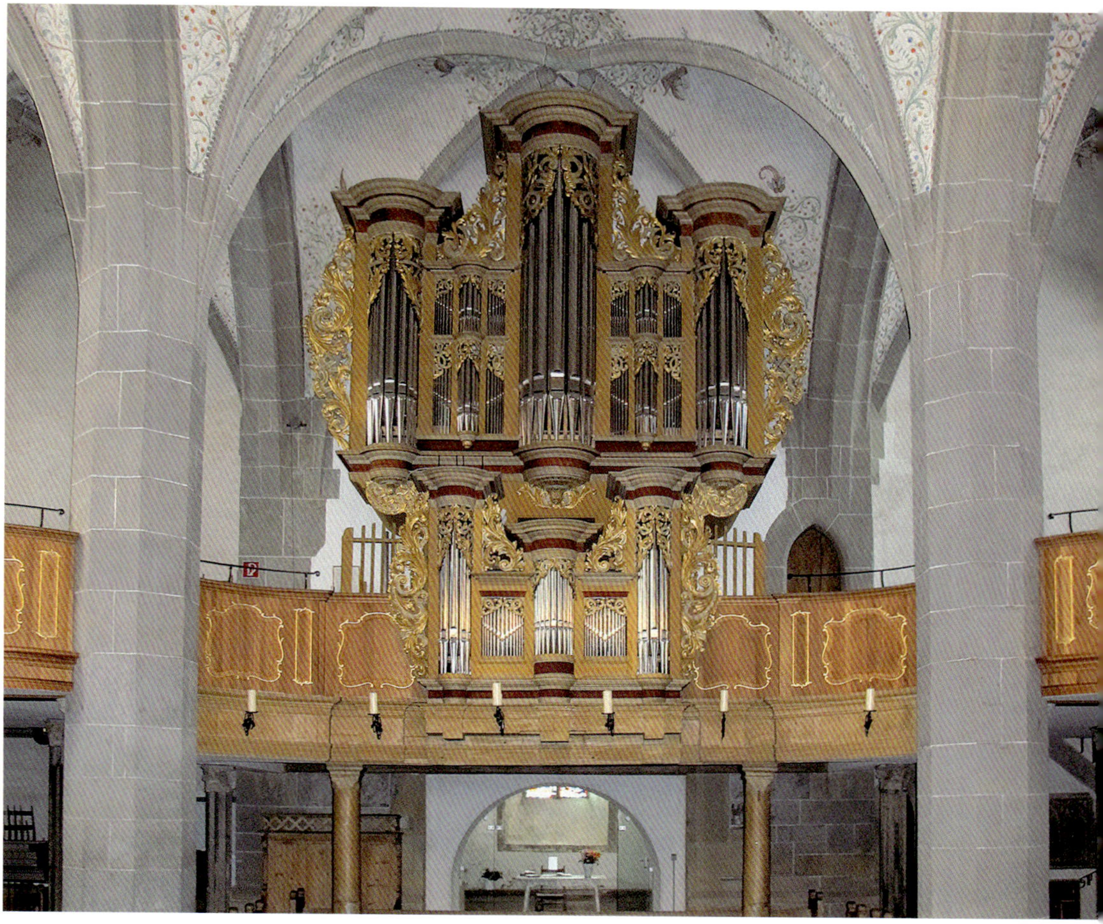

weise einen neuen Hochaltar, den man in den Rest des romanischen Chorbogens rückte (Abb. 77). Und die spätgotische Basilika in Bingen kann sich eines Baldachinaltars von 1768 rühmen, den der Mainzer Bildhauer Peter Heinrich Hencke geschaffen hat (Abb. 89). Als kleine Kostbarkeit sind die Bänke der Bad Kreuznacher Kirche St. Nikolaus zu erwähnen, deren schwungvoll geformte Wangen reichlich mit Blütendekor geschmückt sind (Abb. 169).

In Meisenheim, der alten Hochburg protestantischen Glaubens, vermochte sich Ende des 17. Jahrhunderts auf französischen Druck hin auch der Franziskanerorden zu etablieren. Der Bau der entsprechenden Klosterkirche – sie ist heute katholische Pfarrkirche – wurde 1685 begonnen und 1688 vollendet. Der Architekt war wie bei Orden nicht unüblich ein Pater (Franz Matthias Heyliger). Er entwarf einen Saalbau mit dreiseitigem Abschluss und einem 1687 bezeichneten Westportal, dessen Tür sehr plastisch geschnitztes Knorpelwerk aufweist. Die Ausstattung ist einheitlich und offenbar bauzeitlich (Abb. 170). Eine Säulenarchitektur bestimmt das Bild der drei Altäre, deren in einfachen Formen

*Abb. 168) Bad Sobernheim, St.-Matthiaskirche, Orgel*

*Abb. 169) Bad Kreuznach, katholische Pfarrkirche St. Nikolaus, Wange einer Bank*

Abb. 170) Meisenheim, katholische Pfarrkirche, frühere Franziskanerkirche

Abb. 171) Kirn, Kallenfelser Str. 1, ehemalige wild- und rheingräfliche Kellerei

gehaltener figürlicher und bildlicher Schmuck den Ordensheiligen Antonius von Padua und Franz von Assisi sowie der Muttergottes gewidmet ist. Konfessionsgeschichtlich ist ein Gedenkstein von Interesse, der an Herzog Gustav Samuel Leopold von Pfalz-Zweibrücken († 1732) erinnert. Er konvertierte 1696 zum römisch-katholischen Glauben und förderte den Bau der Klosterkirche, die ursprünglich keinen Turm besaß. Erst 1902 ergab sich die Gelegenheit zu einer solchen Ergänzung, die in neobarocker Ausführung die Vorgaben des späten 17. Jahrhunderts berücksichtigt.

Im 18. Jahrhundert erhielt Meisenheim noch eine dritte Kirche, die wie die beiden anderen, die evangelische Schlosskirche und die katholische Klosterkirche, eng mit dem herzoglich-zweibrückischen Haus verbunden ist. Förderer war Herzog Christian IV., der ebenfalls zum Katholizismus konvertierte und trotzdem Religionsfragen so aufgeschlossen gegenüberstand, dass er den Lutheranern in Meisenheim den Bau eines eigenen Gotteshauses ermöglichte. Es wurde zwischen 1761 und 1771 nach Plänen des Landbaudirektors Hellermann verwirklicht. Der Name Christianskirche des einfachen

*Abb. 172) Sien, Fürst-Domink-Str. 29, sogenanntes Schloss*

*Abb. 173) Kirn, ehem. Piaristenkloster, heute Rathaus*

Abb. 174) Kirn, ehem. Piaristenkloster, heute Rathaus, Treppenhaus

Abb. 175) Sien, evangelische Pfarrkirche

Saalbaues mit Dachreiter und welscher Haube erinnert an den herzoglichen Protektor (Obergasse; heute Gemeindezentrum).

Auch in der Wild- und Rheingrafschaft, dem Nachbarterritorium von Pfalz-Zweibrücken, belebte sich in der zweiten Hälfte des 18. Jahrhunderts die öffentliche Bautätigkeit. Ihr Initiator war der eingangs schon genannte katholische Fürst Johann XI. Dominik von Salm-Kyrburg († 1778), dessen Baumeister Johann Thomas Petri (Petry) die kleine „Hauptstadt" Kirn architektonisch auf den neuesten Stand brachte und Kirchenneubauten für einige Landpfarreien entwarf sowie auch ausführte. Für den weltlichen Sektor sind die ehemalige fürstliche Kellerei in Kirn aus den Jahren 1769 bis 1771 – ein Flügelbau mit hufeisenförmigem Grundriss, Mittelrisalit und barockem Dach (Abb. 171) – und das frühere Amtshaus in Sien von 1771 zu nennen, das eher ein fürstlicher Landsitz war und deswegen auch als „Schloss" bezeichnet wird (Abb. 172). Wie bei dem Kirner Beispiel bestimmen auch hier ein Mittelrisalit mit Dreiecksgiebel und ein Mansarddach das äußere Bild. Eine ähnliche Erscheinung bietet das ehemalige Piaristenkloster, wieder in Kirn, das von einem Dachreiter erhöht wird (Abb. 173–174). Besonders reizvoll gestaltet sind die geschmiedeten Geländer des zum Hahnenbach gelegenen Balkons und des Treppenhauses. Zu den unter Fürst Dominik und seinem Baudirektor Petri geplanten Kirchen gehört das zunächst simultan genutzte Beispiel in Sien von 1768 – eine schlichte Ausführung eines Saalbaues mit wuchtigem Südturm, dessen Haube mehrfach geschweift ist (Abb. 175). Eine ähnliche Ausführung zeigt die ebenfalls auf Petris Planung zurückgehende katholische Pfarrkirche St. Johannes Baptist von 1768–1770 in Staudernheim (Abb. 176). Der Westgiebel greift die geschwungene Kontur auf, wie sie in reduzierter Form bereits von der Wallfahrtskirche in Spabrücken bekannt ist. Der steinerne Hochaltar ist ein trefflicher Beleg für eine barocke Dynamik, die indes nicht konsequent bis zum Gekreuzigten fortgeführt wird (Abb. 177). Schöpfer dieser Arbeit ist der Bildhauer Johann Philipp Maringer aus Bernkastel an der Mosel, dem auch die Altäre der katholischen Kirche St. Josef Calasanza in dem Kirner Stadtteil Kirn-Sulzbach zugeschrieben werden (vgl. zur Geschichte dieser Altäre S. 20). Bemerkenswert ist übrigens die bauliche Umgebung der Staudernheimer Kirche. Sie bildet mit dem ihr gegenüberstehenden gleich alten Pfarrhaus und dem zugehörigen Küsterhaus ein gelungenes Ensemble.

Petris Architekturauffassungen sind denjenigen seines pfälzisch-zweibrückischen Kollegen Hellermann verblüffend ähnlich. Beiden ist ein bescheidener barocker Kanon gemeinsam, der sich nur bei der Gestaltung der Kirchtürme zu schwungvollen Entscheidungen steigert.

Kurz vor Ausbruch der Französischen Revolution hegte der letzte regierende Fürst des wild- und rheingräflichen Hauses, Friedrich III., den ehrgeizigen Wunsch eines Schlossneubaues am Naheufer, unmittelbar südlich der Stadt Kirn. Der Name „Amalienlust“ war eine Geste gegenüber seiner Lieblingsschwester. Die Bauarbeiten an dem Schloss, das sich in der Gestalt mehrerer Pavillons um einen ovalen Platz gruppieren sollte, begannen 1782, konnten aber wegen des politischen Umbruchs kaum zu Ende geführt werden. Die Stadien der Schlossplanung sind nicht ganz klar. Beteiligt, vielleicht auch Verantwortlicher war der französische Architekt Jacques Denis Antoine, ein wichtiger Vertreter des Frühklassizismus. Einfluss auf das Projekt nahm vermutlich auch der ebenfalls renommierte Architekt Pierre Rousseau, der für Friedrich das „Hôtel de Salm“ am Pariser Seineufer (heute „Palais de la Légion d'honneur“) mitentworfen hatte. Das Konzept der Kirner Anlage ist heute in situ kaum mehr nachvollziehbar. Einen ungefähren Eindruck vermitteln noch die sich gegenüberliegenden Häuser des Fürsten und der Fürstin (Abb. 178). Die Architektur der klar gegliederten massiven Putzbauten ist wenig opulent und eher einfach-bürgerlich geprägt. Stren-

*Abb. 176) Staudernheim, katholische Pfarrkirche St. Johannes Baptist mit Pfarrhaus*

*Abb. 177) Staudernheim, katholische Pfarrkirche St. Johannes Baptist, Hochaltar*

Abb. 178) Kirn, Teichweg, Pavillon des ehemaligen Schlosses Amalienlust; Haus des Fürsten

ge Fensterachsen unterteilen die Fassaden, deren Ecken von Lisenen eingefasst werden. Die zeltartigen Mansarddächer entsprechen der damals allgemein üblichen Baupraxis. Weshalb sich Fürst Friedrich III. für dieses bauliche Konzept entschieden hat, ist nicht überliefert. Eine Aufgliederung des Schlosses in mehrere Pavillons war durchaus aktuell. Eventuell ist die Übernahme eher einheimischer baulicher Lösungen als eine gewisse Anerkennung der dortigen Tradition zu verstehen. Vielleicht handelte es sich auch um eine modische Er-

Abb. 179) Meddersheim, Sobernheimer Str. 2

*Abb. 180) Meisenheim, Amtsgasse 1*

scheinung, wie es die Affinität der französischen Königin Marie Antoinette zum ländlichen Leben war.
Ähnliche bauliche Anschauungen wie bei „Amalienlust" finden sich bei Häusern in Kirns umliegenden Dörfern, beispielsweise in Meddersheim (Abb. 179). Dort ist das Erdgeschoss eines repräsentativen Hauses von 1743 – das folglich einige Jahrzehnte älter als das Kirner Schloss ist – aus unverputzten Sandsteinquadern gefügt, während das obere Stockwerk aus Fachwerk gesetzt ist. Seine Ornamentik, die an ältere Muster anknüpft, ist für diese Zeit erstaunlich, bevorzugte diese Epoche doch den Massivbau, und zwar nicht nur wegen dessen längerer Beständigkeit und angeblich geringerer Brandgefährdung, sondern auch aufgrund eines barocken Bauverständnisses. Es favorisierte einheitlich gestaltete Fassaden ohne Fachwerkeinsprengsel. Diesem Anspruch wird besonders – ein Beispiel unter etlichen – ein Haus in Meisenheim gerecht, das der öfters zitierte pfälzisch-zweibrückiscke Baudirektor Hellermann im Auftrag eines wohlsituierten Handelsmannes entworfen hat (Abb. 180). Die Hauptansicht ist selbstverständlich symmetrisch angelegt, und die Felder zwischen den Fenstern sind geputzt. Man vergleiche damit auch den „Meisenheimer Hof" (Abb. 180a).

*Abb. 180a) Meisenheim, Obergasse 33, „Meisenheimer Hof"*

*Abb. 181) Bretzenheim, katholische Pfarrkirche Mariä Geburt*

*Abb. 182) Bretzenheim, katholische Pfarrkirche Mariä Geburt, Hochaltar*

## Frühklassizismus

Im Hinblick auf die architektonische Formensprache lassen sich für die zweite Hälfte des 18. Jahrhunderts zwei Richtungen feststellen: Einerseits feierte die barocke Bewegtheit um 1770 als Rokoko ihre Triumphe – vergleiche die Ausstattung der Schlosskirche zu Meisenheim – und andererseits betrachtete man die Dinge nüchterner, wie es etwa die vom pfälzisch-zweibrückischen Landbaudirektor Hellermann und die von seinem wild- und rheingräflichen Kollegen Petri entworfenen Bauten darlegen. Ein Beispiel für ein solches Architekturverständnis, das sich je nach Standpunkt als spätbarock oder frühklassizistisch bezeichnen lässt, ist auch die einstige Simultankirche und heutige katholische Pfarrkirche Mariä Geburt in Bretzenheim, die zwischen 1789 und 1791 nach Plänen des Mannheimer Architekten Johann Faxlunger errichtet wurde. Diese Verbindung ergab sich aufgrund einer besonderen territorialen Situation. Kurfürst Carl Theodor von der Pfalz hatte 1772/74 mit kaiserlicher Erlaubnis die pfalzgräfliche Herrschaft Bretzenheim seinem unehelichen Sohn Carl August übergeben, der dort später als Fürst von Bretzenheim residierte und sicherlich Kontakte mit dem Hof in Mannheim unterhielt.

Beherrschender Eindruck der Bretzenheimer Kirche ist die zur platzartig erweiterten Straße orientierte Fassade mit ihren monumentalen Pilastern (Abb. 181). Ein leicht vorgeschobener Mittelrisalit wird von einem Giebel abgeschlossen, dessen Feld das fürstliche Wappen zeigt. Wirkungsvoll steigert sich eine Dreiecksformation vom Portal bis hin zum Dach. Das Ganze wird von einem seitlichen Glockenturm überragt, der im Kern mittelalterlich ist und im 18. Jahrhundert eine barocke Haube mit Fachwerklaterne erhielt. Im Inneren handelt es sich um eine Saalkirche. Ihre Vergangenheit als Residenzkirche ist an der Fürstenloge ersichtlich, die sich an der Westwand des Chores befindet und in den Altarraum hineinragt (Abb. 182). Der barocke Hochaltar präsentiert eine Kreuzigung, die von Engeln begleitet wird. Es handelt sich um eine beliebte Szenerie, wie sie in ähnlicher, allerdings etwas üppigerer Auffassung auch in der katholischen Kirche in Staudernheim anzutreffen ist (Abb. 177).

Einige der in den achtziger und neunziger Jahren des 18. Jahrhunderts gebauten Kirchen knüpfen deutlich an antike Vorbilder an. Ihre Portale mit beidseitig gestellten Säulenpaaren und Dreiecksgiebeln erinnern an Tempeleingänge. Die evangelische Pfarrkirche in Winterburg, die zwischen 1782 und 1784 nach Plänen des badischen Landbauinspektors Gottlieb Ferdinand Lindemann errichtet wurde, weist ein solches Portal mit einer toskanischen Säulenordnung auf (Abb. 183). Die enge Tallage stellte den Baumeister vor einige Probleme, die er beispielsweise mit einer originellen Eingangslösung meisterte. Man erreicht die Kirche über eine an der nördlichen Längsseite gelegene Freitreppe, die als Brücke über den an der Kirche vorbeifließenden Ellerbach führt. Noch großzügiger als Winterburg gibt sich das Portal der ka-

*Abb. 183) Winterburg, Portal der evangelischen Pfarrkirche*

*Abb. 184) Wallhausen, Portal der katholische Pfarrkirche St. Lorenz*

Abb. 185) Merxheim, ursprünglich Schloss, seit 1817 katholische Pfarrkirche St. Borromäus

tholischen Pfarrkirche St. Laurentius in Wallhausen von 1792/93, deren Pläne, wie die Denkmälertopographie angibt, von dem weiter nicht bekannten Mainzer Architekten Peter Jung stammen (Abb. 184). Der Eingang ist als eine Tempelfront konzipiert, deren mit Kompositkapitellen ausgestattete Säulen das Gebälk des Dreiecksgiebels stützen und in kleinerer Ausführung auch das des Kirchenzugangs unterfangen. Konsolenfriese heben zudem die Plastizität der Architektur hervor. Drittes Beispiel einer von antik-klassischen Vorbildern inspirierten Bauweise ist die katholische Pfarrkirche in Merxheim, die aus dem Schloss der Vögte von Hunolstein entstanden ist. Der 1791 begonnene Bau ist in der Zeit des revolutionären Umbruchs um 1800 nicht fertiggestellt worden und wurde 1817 von der katholischen Gemeinde übernommen, die ihn unter Beibehaltung der vorgegebenen äußeren Gestalt in eine Kirche und Schule umwandelte. Dachreiter und Turm sind spätere Zutaten. Die langgestreckte Front wird von einem dreiachsigen mittleren Risalit zentriert, dessen Portal im Gegensatz zu den anderen Beispielen nicht vorgerückt, sondern zurückversetzt ist (Abb. 185). Diese Zone, die von dem obligatorischen Dreiecksgiebel beschlossen wird, setzt sich aufgrund ihrer betonteren Fenster von den flach gehaltenen seitlichen Partien ab – insgesamt ein wohltuend ruhiger und nobler Eindruck.

Abb. 186a) Becherbach bei Kirn, evangelische Pfarrkirche, mit dem romanischen Turm

*Abb. 187) Becherbach bei Kirn, evangelische Pfarrkirche*

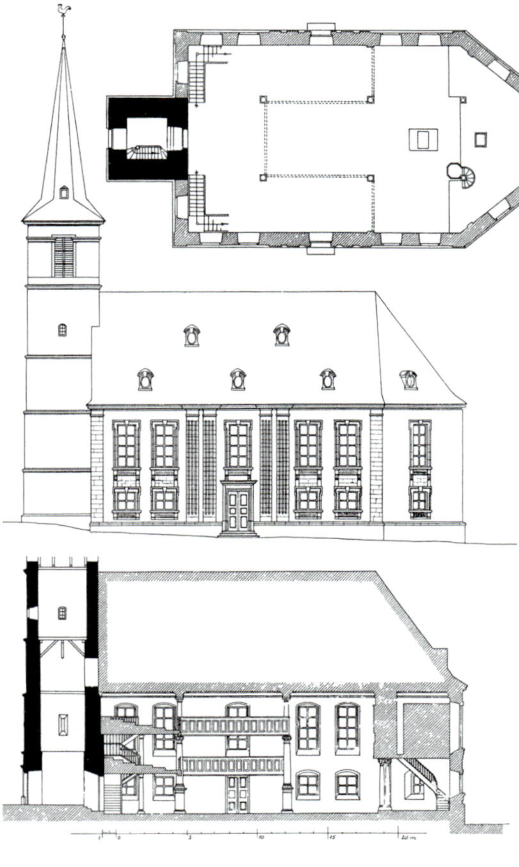

*Abb. 186b) Becherbach bei Kirn, evangelische Pfarrkirche, Ansicht, Grundriss und Schnitt*

Will man einen Einblick in ein frühklassizistisches Interieur einer reformierten Kirche erhalten, so bietet sich vor allem die evangelische Pfarrkirche in Becherbach bei Kirn an (nicht zu verwechseln mit Becherbach/Pfalz, ebenfalls im Landkreis Bad Kreuznach), die wie das genannte Beispiel in Winterburg von Gottlieb Ferdinand Lindemann geplant worden ist. Der Vorgängerbau wurde 1781 wegen Baufälligkeit abgebrochen, nur der romanische Westturm blieb erhalten, der später erhöht worden ist (Abb. 186a und b). Das neue Langhaus der Saalkirche, die ganz auf den Predigtgottesdienst ausgerichtet ist, entstand zwischen 1783 und 1786 (Abb. 187). Wichtigste Einrichtungen sind der

Altar, die Kanzel und die in der Werkstätte der Gebrüder Stumm geschaffene Orgel, die auf einer Empore im Chorraum postiert ist. Den Gegenpart zu dieser Einheit auf der Seite der Geistlichkeit bildet auf derjenigen der Gläubigen eine hufeisenförmig angelegte Doppelempore, die von Pfeilern gestützt wird. Sie sind bis unter die Decke geführt und enden in Kompositkapitellen. Die helle Farbe der flachen, kassettierten Decke, die Marmorierung der Pfeiler und Säulen sowie der Brüstungen und der rotgelbe Wechsel des Orgelprospektes komplettieren das frühklassizistische Bild.

Ein weiteres aufschlussreiches Interieur bietet die kleine evangelische Kirche in Matzenbach-Gimsbach, die 1747 bezeichnet ist – ein durch Pilaster gegliederter Bau mit fünfseitigem Abschluss und Dachreiter. Die Mitte des durch Holzstützen unterteilten Saales, der flach gedeckt ist, nimmt der Altar ein, der von einer achteckigen, geschnitzten Chorschranke beschirmt wird (Abb. 188). Dahinter befinden sich der ebenfalls reich geschnitzte Pfarrstuhl und die an die Chorwand angelehnte Kanzel, die wie der Schalldeckel das untere Achteck wiederholen.

*Abb. 188) Matzenbach-Gimsbach, evangelische Kirche, Altarraum*

## Klassizismus

### *Kirchenbau*

Die klassizistische Sakralarchitektur ist eng mit dem Namen Ludwig Behr verknüpft, dem ersten Kreisbaumeister (Bauinspektor) des rheinpreußischen Landkreises Bad Kreuznach. Er hatte an der Berliner Bauakademie Architektur studiert und trat 1823 sein Amt an der Nahe an. Sein eigentlicher Aufgabenbereich war die Überwachung des öffentlichen Bauwesens, und zwar des Hoch- wie Tiefbaues. Daneben war er auch für Gemeinden tätig, indem er Schulbauten entwarf, oder er arbeitete für Pfarreien, die er bei ihren baulichen Aufgaben unterstützte. Die bekanntesten von ihm konzipierten Kirchen stehen in Weinsheim, Waldböckelheim und Mandel. Die ersten beiden Beispiele sind Zweiturmanlagen, die aus unverputzten Sandsteinquadern gefügt sind. Der Grundriss der Weinsheimer Kirche aus den Jahren 1823 bis 1825 ist als Zentralbau mit vier Konchen angelegt, während derjenige in Waldböckelheim – entworfen 1829/31 und errichtet zwischen 1832 und 1835 – aus einer Verbindung von Langhaus mit abgerundetem Chor besteht. In die monumentale Doppelturmfront ist eine Vorhalle mit drei Rundbogenöffnungen eingeschoben. Wandhohe Blendbögen umfassen die Fenster. Das Kircheninnere ist ein einfacher Saalbau. Sein Klassizismus steht in einem bemerkenswerten Kontrast zur neugotischen evangelischen Pfarrkirche von 1863–1867, die eine beherrschende Lage oberhalb von Waldböckelheim einnimmt (Abb. 189). Ähnlich landschaftlich positioniert ist die auf Behr zurückgehende evangelische Pfarrkirche in Mandel aus den Jahren 1929/30 (Abb. 190). Im Gegensatz zu den Beispielen in Weinsheim und Waldböckelheim besitzt dieser verputzte Bau nur einen Turm. Sandsteingliederungen betonen die Ecken, die Fenstergewände und ein Gesims in Kämpferhöhe. Die Annahme geht nicht fehl, dass sich Behr von Musterentwürfen Karl Friedrich Schinkels inspirieren ließ.

*Abb. 189) Waldböckelheim, katholische Kirche St. Bartholomäus (im Vordergrund) und evangelische Pfarrkirche (im Hintergrund)*

*Abb. 190) Mandel, evangelische Pfarrkirche*

### *Verwaltungsbauten*

Das „Fürstentum Birkenfeld" – ab 1815 eine Exklave des norddeutschen Großherzogtums Oldenburg – hatte Bedarf an Regierungsbauten, deren Architektur zeitgemäß zu sein hatte, demnach klassizistisch. Schon in den Jahren 1819 bis 1821 wurde ein repräsentatives Ensemble gebaut, das Räume für den Fürsten bereithielt, falls er seine fern gelegene Provinz zu besuchen gedachte. Ansonsten war dies die Wohnung des Regierungspräsidenten (heute Kreisverwaltung). Für die Planung war interessanterweise nicht ein norddeutscher, eventuell Oldenburger Architekt, sondern ein Frankfurter verantwortlich (J. W. Leonhard Brofft). Es entstand eine hufeisenförmige Anlage, die mit ihrem repräsentativen Herrenhaus und den niedrigeren, etwas ab-

Abb. 191) Birkenfeld, Neues Schloss

gesetzten Nebengebäuden einen durchaus aristokratischen Charakter mitteilt – daher der Name „Neues Schloss" (Abb. 191). Das Adjektiv „neu" erinnert als Kontrastbegriff an das ehemalige Residenzschloss der Wittelsbacher Linie Pfalz-Birkenfeld, das Anfang des 19. Jahrhunderts aufgegeben wurde (Abb. 211). Außer dem angedeuteten Ehrenhof bietet die neue Anlage mehrere Anknüpfungspunkte an eine traditionelle barocke Architektur, so mit dem Mittelrisalit des Haupthauses, mit dem Dreiecksgiebel und der immerhin noch erkennbaren Mittelachse. Ungewohnt sind die schlichten Fenster, die im Parterre sogar ohne Gewände auskommen, und auch die breiten Putzflächen zwischen den Fensterachsen.

Das über der Stadt gelegene „Neue Schloss" ist mit dieser durch eine Allee verbunden, an deren Anfang der Bau einer ehemaligen Infanteriekaserne steht (Schneewiesenstr. 22; Abb. 192–193). Aus ihr wurde später ein Gymnasium, heute ist sie Sitz einer Behörde. Das ehemalige Militärgebäude, das 1842/43 entstanden ist, wirkt blockhafter als das „Neue Schloss" und ist aufgrund der enger aneinander gerückten Fenster – in der oberen Etage durch aufgetragene streifenförmige Stürze hervorgehoben – und der geritzten Putzquaderung stärker gegliedert. Dominierend wirkt der dreifache Eingang mit seinem Architravblock, der das oldenburgische Wappen enthält. Handelt es sich dabei um Anregungen aus der französischen Revolutionsarchitektur, wie überlegt worden ist? Diskutieren lässt sich die Frage, allerdings wäre die frühere Kaserne dann ein sehr später Nachfahre. Komplettiert wurde das Birkenfelder „Regierungsviertel" 1910 durch das als römisches Landhaus entworfene Heimatmuseum (heute Landesmuseum Birkenfeld) und durch einen neobarock-neoklassizistischen Ver-

waltungsbau von 1912 (Schneewiesenstr. 25).

Die territoriale Vielfalt, die an der Nahe und am Glan noch in der ersten Hälfte des 19. Jahrhunderts bestand, führte nicht nur in Birkenfeld, sondern auch in Meisenheim dazu, dass sich Verwaltungsleute weit entfernter Residenzstädte mit den abgelegeneren Regionen befassen mussten. So kümmerte sich auch der großherzoglich-darmstädtische Oberbaurat Georg Moller um das Bauwesen dieser kleinen zwischen 1815 und 1866 bestehenden hessisch-homburgischen Herrschaft am Glan, die zwar nicht zu seinem Amtsbereich gehörte, die er aber im Auftrag des Landgrafen mitbetreute. Moller fügte zwischen 1825 und 1827 an das Herzog-Wolfgang-Haus in Meisenheim, das von dem hessisch-homburgischen Landgrafenpaar als Sommersitz besucht wurde, einen neugotischen Flügel an. Dies ist ein früher Beleg für die Verknüpfung des Klassizismus mit mittelalterlichen Bauvorstellungen. Der Historismus bahnte sich an.

## Historismus

Der in der zweiten Hälfte des 19. Jahrhunderts blühende historistische Stilpluralismus ist an der Nahe und am Glan vor allem in seiner neogotischen Variante vertreten. In dieser Art wurden

*Abb. 192) Birkenfeld, Schneewiesenstr. 22, ehemalige Infanteriekaserne, später Gymnasium, anschließend Verwaltung*

*Abb. 193) Birkenfeld, Schneewiesenstr. 22, Eingangssituation*

etliche Kirchen errichtet oder neu ausgestattet. Auch manches Rathaus wurde so gestaltet, und gerne griffen private Bauherren auf diese Formenwelt zurück, die sich an mittelalterlichen Vorbildern orientierte. Neogotik ist keine Erfindung des 19. Jahrhunderts, solche Tendenzen sind bereits aus der Zeit um 1750 bekannt, wie es vor allem englische Belege zeigen.

Nachdem 1867 die Kirche der evangelischen Gemeinde in Staudernheim wegen Baufälligkeit geschlossen und danach abgebrochen werden musste, stand ein Neubau an, mit dem man 1870 begann. Als Architekten hatte man den Kreisbaumeister Krausch gewonnen, nach dessen Plänen bereits 1858–1860 die Kirche in Limbach bei Kirn gebaut worden war. Wie dort entschied man sich für einen neogotischen Bau. Sein Kennzeichen ist die westliche Ansicht mit dem Mittelturm und den bis an seine Balustrade reichenden seitlichen Giebeln (Abb. 194). In der rechteckigen Flächengliederung insbesondere des Turmes sind noch klassizistische Anklänge spürbar. Der Kirchenraum ist als Saalbau angelegt, an dessen Triumphbogen sich ein polygonaler Chor mit einem Kreuzrippengewölbe anschließt (Abb. 195). Im Unterschied dazu ist die Decke leicht gewölbt und weist eine geknickte Führung auf, die durch Kassetten noch betont wird. Großen Wert hat man auf die Ausmalung gelegt, die als Quaderwerk der Chorwand eine gemauerte Struktur gibt, als Rankwerk den Triumphbogen säumt und die Gewölbekappen des Chors schmückt, als eine Art Behang dessen Seiten auskleidet und in floraler Form die Kassettendecken belebt. Dieses gesamte Interieur ist in den Jahren 1993/94 vorzüglich restauriert worden.

In der zweiten Hälfte des 19. Jahrhunderts war es vielen Pfarrgemeinden möglich, sich von dem Simultaneum zu trennen, das in den Jahrzehnten nach der Reformation und in der Zeit der französischen Besetzung im späten 17. Jahrhundert eingeführt worden war und den Kirchenraum unter den verschiedenen Konfessionen aufteilte. In Sobernheim bestand eine solche Nutzung der Matthiaskirche von 1689 bis 1898. Die katholische Gemeinde zog aus der alten Kirche aus und erbaute sich ein eigenes Gotteshaus, das wie das Beispiel in Staudernheim eine neogotische Gestaltung zeigt und sich durch einen hohen Westturm auszeichnet. Die Planung des Neubaues lag in den Händen des Architekten Ludwig Becker, eines überaus produktiven und

Seite 127: Abb. 194) Staudernheim, evangelische Kirche

Abb. 195) Staudernheim, evangelische Kirche, Blick in den Altarraum

*Abb. 196) Bad Kreuznach, Puricelli-Grabkapelle auf dem Friedhof*

*Abb. 197) Bad Sobernheim, katholische Pfarrkirche St. Matthäus; Christus als Weltenrichter zwischen Maria und Josef*

erfolgreichen Kirchenbaumeisters. Er hat beispielsweise die katholische Heilig-Kreuz-Kirche in Bad Kreuznach (von 1895/97) und die Grabkapelle der Eisenhüttenunternehmer Puricelli auf dem dortigen Friedhof (von 1895; Abb. 196) entworfen. Die Sobernheimer Kirche, in die aufgrund des aufgelösten Simultaneums auch mehrere Grabdenkmäler der evangelischen Matthiaskirche überführt wurden, konnte 1899 konsekriert werden. Die neogotische Erstausstattung – der Hochaltar in der Art eines Flügelaltars, die Orgel mit Prospekt – ist einschließlich der Ausmalung und der Glasfenster weitgehend erhalten (Abb. 197).

In Offenbach-Hundheim am Glan hatten sich die Protestanten und Katholiken bereits 1882 dazu entschlossen, sich kirchenräumlich voneinander zu trennen. Die ehemalige Propsteikirche ist seit dieser Zeit ein rein evangelisches Gotteshaus. Nördlich und etwas erhöht von ihr steht die katholische Kirche, deren Bau 1889 nach Plänen des Architekten Josef Hoffmann aus Ludwigshafen als neogotischer Saalbau mit Westturm fertiggestellt wurde. Die Turmfront schmücken als Namenspatrone die Heiligen Petrus und Paulus, die sich in Nischen mit Wimpergen präsentieren (Abb. 198). Über ihnen ist mittig die Muttergottes als Himmelskönigin postiert, die von einem Baldachin beschirmt wird. Das Äußere des Langhauses bietet nichts Außergewöhnliches. Überrascht ist man indes von dem Inneren – nicht so sehr von der Architektur, sondern von der malerischen Gestaltung (Abb. 199). Sie ist in ihrer Feinheit und ihrem floralen Schmuck analog derjenigen von Staudernheim und Bad Sobernheim. Die Chorwand zeigt ein Muster, das wie ein Teppich wirkt, der Triumphbogen wird von einem Kranz gotischer Krabben eingefasst, und in den Gewölbezwickeln entfaltet sich eine Blumenzierde, die auch die farblich abgesetzten Schlusssteine umgibt. Im kleinen Chor ist eine spätbarocke Kreuzigungsgruppe aufgestellt, deren Gebärdensprache überaus bewegt ist. Die dortigen Glasfenster entsprechen in ihrer Gestaltung der sonstigen Farbgebung. Heute ist

kaum zu glauben, dass dieses Formgefühl der Neogotik in den 1960er Jahren als völlig obsolet erachtet und mit Verdikten ohne historische Substanz wie *altväterlich, stilistisch unvertretbar, künstlerisch ohne Belang, da nur von handwerklicher Qualität* etc. belegt wurde und dass man im Zuge einer Purifizierung – dies war der Zeitgeist – die historistische Ausstattung entfernte und die originale Farbfassung übermalte. In den 1980er Jahren – der Zeitgeist hatte sich gewendet – besann man sich des ursprünglichen Zustandes und rekonstruierte ihn so weit wie möglich. Hier offenbart sich auch ein besonderes Kapitel der kirchlichen Denkmalpflege.

Als weiterer Fall einer neogotischen Bereinigung kann die katholische St.-Jacobus-Kirche in Birkenfeld (Schneewiesenstr. 8) angeführt werden, die zwischen 1888 und 1890 nach Plänen des Trierer Diözensanbaumeisters Reinhold Wirtz ausgeführt wurde (Abb. 200). Bei dem Bau handelt es sich um eine neogotische Anlage mit einer nahezu gleichen Höhe von Mittelschiff, Seitenschiffen und Querhaus, das zwar außen deutlich hervortritt, im Inneren aber nur angedeutet ist. Der Besucher hat den Eindruck eines lichtdurchfluteten,

*Abb. 198–199) Offenbach-Hundheim, katholische Pfarrkirche St. Peter und Paul, Detail des Turms und Blick in den Chor*

hellen Innenraumes einer Hallenkirche. Die betonte Schlichtheit, die von der kargen Ausstattung ausgeht, wird noch durch die hellen Wände verstärkt. Dieses Bild entspricht indes nicht der ursprünglichen Intention, die sich von einer anderen Farbigkeit, von Glasmalereien und einer reicheren Ausstattung leiten ließ. Dabei ist zu bedenken, dass auch der Historismus wie zuvor schon der Barock wenig Rücksicht auf frühere Formgebungen genommen hat. „Modernisierungen“ gehen häufig zu Lasten des Altüberlieferten. Ein Beispiel hierfür ist die Ausstattung, welche die katholische St.-Nikolaus-Kirche in Bad Kreuznach im Zuge einer Restaurierung zwischen 1898 und 1904 erhielt. Für diese Maßnahme, der bis auf geringe Reste die barocke Einrichtung geopfert wurde, war der im Zusammenhang mit Bad Sobernheim (St. Matthäus) schon genannte Kirchenbaumeister Ludwig Becker verantwortlich. Der mit Heiligenskulpturen besetzte und mit reichem Maßwerk geschmückte Hochaltar von zirka 1900 ist wie ein spätgotischer Flügelaltar angelegt, der Kreuzaltar von 1907 wirkt ebenfalls spätmittelalterlich, und die etwas ältere Muttergottes (1895) in der Marienkapelle ist dem Ideal der „Schönen Madonna“ der Zeit um 1400 angenähert (Abb. 201).

Auf dem Rochusberg oberhalb von Bingen und ganz in der Nähe der Mündung der Nahe in den Rhein befindet sich die Wallfahrtskirche „Rochuskapelle“, die zwischen 1893 und 1895 neu errichtet wurde, nachdem ihr Vor-

*Abb. 201) Bad Kreuznach, katholische Pfarrkirche St. Nikolaus, Marienaltar in der südlichen Kapelle*

*Abb. 200) Birkenfeld, katholische Pfarrkirche St. Jacobus*

*Abb. 202) Bingen, Rochuskapelle*

gängerbau 1889 durch einen Blitzeinschlag zerstört worden war. Architekt war Max Meckel, der von 1887 bis 1892 Diözesanbaumeister in Limburg an der Lahn war und danach Baudirektor des Erzbistums Freiburg wurde. Im Jahr 1885 hatte er die Restaurierung und den Ausbau der Basilika St. Martin in Bingen geleitet, von 1892 bis 1894 die Erweiterung von St. Pankratius in Kirn. Alle diese Arbeiten sind neogotische Beispiele, und das beeindruckendste ist alleine schon aufgrund einer außergewöhnlichen Lage die Rochuskapelle (Abb. 202–203 und 244). Sie wird dieser landschaftlichen Gunst mit einem vielgliedrigen Ensemble gerecht: mit der dreischiffigen Kirche, ihrem seitlichen,in Richtung Rheingau blickenden Turm sowie dem rheinaufwärts orientierten Außenchor mit seinem hohen, hallenartigen Vorbau. Erweitert ist die Anlage durch ein Heiliges Grab gegenüber dem Haupteingang, von dem man eine weite Sicht in die Naheregion hat. Max Meckel verstand es meisterhaft, Natur und Architektur miteinander zu verbinden und seiner Neogotik die Sphäre des Mittelalterlichen zu verleihen.

In einem mittelalterlichen Habitus zeigt sich auch manches Rathaus der zweiten Hälfte des 19. Jahrhunderts. Das Beispiel von Bad Sobernheim ist bereits erwähnt worden (Abb. 144). Besonders bemerkenswert sind die entsprechenden Bauten in Monzingen und Sponheim, die eine Verbindung von Spätklassizismus und Neogotik darstellen. Der Monzinger Ortsmittelpunkt ist eine Schöpfung des Bezirksbaumeisters Conradi aus den Jahren 1861 bis 1864. Er hat aller Wahrscheinlichkeit nach auch das sehr ähnliche Gegenstück in Sponheim entworfen – ein unverputzter Sandsteinbau, der von einem sich fortifikatorisch gebenden Treppenturm bewehrt wird (Abb. 204).

*Abb. 203) Bingen, Heiliges Grab vor der Rochuskapelle*

Idar-Oberstein, vor allem der sich im späten 19. und frühen 20. Jahrhundert vergrößernde Stadtteil Idar, bietet für den damaligen Hausbau, dessen dekorative Seite eng mit dem Historismus verbunden ist, eine Fülle an Beispielen. Sie zeigen alle Spielarten des Stilpluralismus, von der Neogotik über den Neobarock bis zum Neoklassizismus und sogenannten „Heimatschutz". Auch sind einige Fassaden mit Jugendstilschmuck erhalten, der sich indes häufig mit historisierenden Auffassungen mischt. Weiter naheabwärts sind an erster Stelle die Kurstädte Bad Münster am Stein und Bad Kreuznach anzuführen, deren Kurviertel in jenen Jahrzehnten ausgebaut wurden. Die erstgenannte Stadt erhielt ihr Kurmittelhaus, ein Fachwerkbau in der Art des Heimatschutzes, zwischen 1910 und 1912 (Abb. 29), die zweite Stadt ihr jüngeres Kurhaus 1913 (heute Parkhotel Kurhaus). Seine vortretende und von Säulen getragene Kuppel weist verwandtschaftliche Züge mit einer barocken Schlossarchitektur auf (Abb. 28). Vorausgegangen war bereits das eher verhalten klassizistisch geprägte Bäderhaus von 1911. In Bingen, dem zentralen Weinumschlagsplatz am Mittelrhein, ließen sich Weinhändler ihre Villen gleichfalls in den gängigen Baustilen bauen (z. B. die Villa Sachsen, Abb. 245).

*Abb. 204) Sponheim, Rathaus*

*Abb. 205) Kirn, Marktplatz 2*

## Moderne

Um 1900 und in den Jahren nach dem Ersten Weltkrieg herrschten weiterhin traditionelle Architekturauffassungen vor, die unübersehbar ihre Impulse von den Heimatschutzbestrebungen erhielten. Man orientierte sich an einheimischen Bauten der letzten Jahrhunderte und bemühte sich um eine landschaftsgebundene Bauweise, die natürliche, aus der Nähe gewonnene Baumaterialien bevorzugte. Einer der Hauptvertreter dieser Richtung war der spätere nationalsozialistische Kunstideologe Paul Schultze-Naumburg, der schon vor dem Ersten Weltkrieg und in den 1920er Jahren für Unternehmer in Idar-Oberstein gearbeitet hatte (vgl. die schlossartige Villa mit barockisierendem Mansarddach von 1921/23, Hasenklopp 6). Die frühere Jugendherberge in Birkenfeld, ein bescheidener Bau mit geschiefertem Giebel, die 1926 ihren Platz auf dem Gelände der einstigen Burg fand, verkörpert im Kleinen eine solche Haltung (Architekt Wilhelm Heilig, Darmstadt; später auch eng mit der Nazi-Ideologie verbunden). Völlig unverdächtig ist dagegen die bodenständige Bauweise des Kirner Architekten Friedrich Otto (1880–1956), der auch im weiteren Umfeld tätig war. Zugleich kamen auch neue Ideen zum Zuge, wie sich ebenfalls in Kirn belegen lässt. Dort zog die architektonische Moderne 1923 mit einem an der nordöstlichen Marktplatzecke gelegenen Neubau ein, dessen Entwurfsverfasser das angesehene Kölner Architekturbüro Fritz August Breuhaus und Heinrich Rosskotten war (Abb. 205). Der Ecksituation trägt dieser Bau mit einem langen, trapezförmigen Erker Rechnung, der mit dem Platz kommuniziert. Sandstein- und Putzflächen stehen in einem belebenden Kontrast nebeneinander. Die reliefierten Applikationen – ein Merkurkopf, eine Waage – weisen das Gebäude als Geschäftshaus aus. Die Details spiegeln Auffassungen des Art déco wider, das Gesamtbild ist eher ein Ausdruck expressionistischer Gestaltung.

Kirn setzte 1931 ein weiteres Zeichen der Moderne. In der Gerbergasse entstand ein Geschäfts- und Mietshaus, das der Architekt Otto Deyhle aus Rastatt (bzw. Pforzheim) entworfen hat (Abb. 206). Das Gebäude hebt sich aufgrund seines Flachdaches und seiner kubischen Gestalt, die zur Gasse abgerundet ist, deutlich von der Umgebung ab. Bemerkenswert ist das Gegenüber von vertikaler und horizontaler Ausrichtung – einerseits der vor die Straßenfront tretende Streifen eines Werbetransparentes, das wie ein turmartiger Aufsatz fungiert, andererseits die Fenster- und Brüstungsbänder. Es ist eine Wirkung, wie sie für das Neue Bauen oder für die Neue Sachlichkeit charakteristisch ist, die auch einige Häuser in Idar-Oberstein in den frühen 1930er Jahren geprägt hat. Die Ästhetik des Bauhauses ist nachvollziehbar.

*Abb. 206) Kirn, Gerbergasse 3*

Ähnliche Beobachtungen der Architekturentwicklung bis in die Zeit um 1933 lassen sich in den anderen Städten der Region, insbesondere in Bad Kreuznach, machen, wo der Architekt Alexander Ackermann (1884–1970) ein Verfechter der Moderne war. Sein Werk durchlief ab dem Ersten Weltkrieg die verschiedenen Stadien vom Expressionismus bis hin zum Neuen Bauen. Leider ist vieles im Zweiten Weltkrieg verloren gegangen. Überlebt hat als einer seiner prägnantesten Bauten ein Logierhaus von 1921 des früheren Wald- und Berghotels Waldfriede im abgelegenen Seesbach, am Südrand des Soonwaldes.

Auswärtige renommierte Architekten waren ebenfalls an der Nahe tätig. Dominikus Böhm hatte zwischen 1908 und 1911 eine Villa in Bingen (Kurfürstenstr. 1) und später, 1926, ein Hotel in Bad Kreuznach umgebaut, den nicht mehr erhaltenen „Europäischen Hof" in der Salinenstraße; und Paul Schmitthenner hat 1935 für Bad Kreuznach eine Villa als Fachwerkhaus entworfen (Rheingrafenstr. 46).

Im Hinblick auf architektonische Aktivitäten nach dem Zweiten Weltkrieg sei nochmals auf den von Gottfried Böhm betreuten Ausbau der altehrwürdigen Ruine Kauzenburg über Bad Kreuznach in den Jahren 1969 bis 1976 erinnert (Abb. 136). Es folgte zwischen 1970 und 1973 unter derselben Leitung und ebenfalls in Bad Kreuznach der Bau des Katholischen Gemeindezentrums St. Nikolaus.

Sicherlich könnte man sich mit weiteren, vor allem öffentlichen Baumaßnahmen der letzten Jahrzehnte auseinandersetzen, was hier aber kein Thema ist. Hervorzuheben ist indes als architektonische Besonderheit das Steinskulpturenmuseum in Bad Münster am Stein-Ebernburg.

Das Museum liegt oberhalb des Stadtteils Ebernburg direkt gegenüber dem Rotenfels. Aus der Ferne nimmt man ein von Betonmauern eingefasstes Areal mit einem Fachwerkhaus und steinerne Skulpturen wahr, die wie eingestreut in dieses Gelände wirken (Abb. 207–208 und 236). Die Nähe macht deutlich, dass es sich um ein planvolles Miteinander und Gegenüber von Architektur und Bildhauerei handelt. Dies ist der Ort, den das Künstlerehepaar Anna Kubach-Wilmsen und Wolfgang Kubach zusammen mit dem japanischen Architekten Tadao Ando geprägt haben. Den Kern der Anlage bildet ein Rechteck, das von einer Sichtbetonmauer eingefasst wird und dessen oberen Teil ein Fachwerkgebäude mit geschiefertem Satteldach einnimmt. Man erinnert sich an ähnliche Häuser in Hunsrückdörfern oder im rheinland-pfälzischen Freilichtmuseum Bad Sobernheim (Abb. 229). Und in der Tat handelt es sich um das tranzlozierte Holzwerk einer Scheune aus dem Dorf Sponheim. Dieser Akt der Versetzung ist als eine Geste des Architekten Ando gegenüber der einheimischen Bautradition zu verstehen, die er indes zugleich verfremdet hat, indem er den Fachwerkgiebel nicht ausfachen, sondern transparent ließ. Sein Holzgerüst steht frei vor einer gläsernen Wand. So erhält der Innenraum, der bis auf ein Galeriegeschoss nicht unterteilt ist, seine große Helligkeit. Sichtbar ist das Dachwerk, dessen dunkles Gebälk sich deutlich von der hellen Dachschalung abhebt. Das minimal ausgestattete Haus ist dem künstlerischen Werk des Bildhauerpaares vorbehalten. Man befindet sich in der „Steinbibliothek" mit

*Abb. 207) Bad Münster am Stein-Ebernburg, Steinskulpturenmuseum Fondation Kubach-Wilmsen, Skulpturenhof mit „Säulenpyramide"*

*Abb. 208) Bad Münster am Stein-Ebernburg, Fondation Kubach-Wilmsen, „Buchturm"*

den bekannten steinernen Büchern, die sich in Wandregalen und in liegender Anordnung aneinanderreihen. Die Arbeiten setzen sich in den sich anschließenden, ummauerten Außenbereichen fort – einem kleinen, oberen und einem größeren unteren, dessen eine Hälfte eine Wasserfläche einnimmt, während die andere, die tiefer gelegene, ein kleiner Hof ist. Dies alles umfasst die genannte Betonmauer, die eine eigene Struktur besitzt; denn ihre Oberfläche ist nicht rau und grobkörnig, sondern spürbar glatt und wie geschliffen. Das von der Herstellung herrührende Punkteraster ist sichtbar geblieben und erzeugt ein eigenes Muster. In ihrer Größe richten sich die Betonplatten nach den traditionellen japanischen Tatamimatten – aus Reisstroh gefertigte, matratzenähnliche Matten als Fußbodenbelag. Die untere Hofzone – der Skulpturenhof – erinnert in seiner Abgeschiedenheit an eine klösterliche Klausur. Die hier aufgestellten Arbeiten sind vor allem aus Säulenbasalt der Eifel geschaffen, der sich in mannigfacher Formation etwa in gesägter und polierter Gestalt als „Steinspiegel" oder in pyramidenartiger Gruppierung präsentiert (Abb. 207). Den Sichtkontakt mit der Außenwelt lassen einige in den Beton wie eingeschnitten wirkende Durchblicke zu, die zwischen dieser minimalistisch geprägten Binnenwelt und der Landschaft vermitteln. Man gelangt in den Außenbereich des Skulpturenparks und befindet sich in einem zur Nahe abfallenden Gelände, das den Rahmen für die im Freien stehenden Großskulpturen bildet. Sie sind brückenartig ausgelegt oder als Buchsäulen konzipiert und aus Steinen gearbeitet, die aus allen fünf Kontinenten stammen. Es ist auch eine Ehrerbietung gegenüber dieser Materie (Abb. 208): Natur und Skulptur bilden eine Einheit.

# Exkursionsvorschläge

## Vorweg: Landschaft und Naturraum aus geographischer Sicht

Am Südrand des Hunsrücks bildete sich im Perm, dem jüngeren Erdaltertum, die SW-NO verlaufende Saar-Nahe-Senke aus (Abb. 209). Unter vorwiegend ariden Klimaverhältnissen wurde das Abtragungsmaterial des Hunsrücks in diese Tiefenzone transportiert und dort als Konglomerate, rote Sand-, Silt- und Tonsteine, abgelagert. Dies sind die Rotliegend-Schichten. Durch starke tektonische Bewegungen drangen magmatische Intrusionskörper in sie ein und bildeten große Rhyolitmassive, wie sie bei Türkismühle und am Rotenfels bei Münster am Stein vorkommen. Begleitende heftige Vulkanausbrüche und ausgedehnte Basaltdeckenergüsse schufen einen sehr differenzierten Untergrund, durch den die Nahe ihren Weg nahm.

Von der Quelle bis zur Mündung durchquert die Nahe vier naturräumliche Einheiten. Ihr Quellgebiet liegt im Saarland, dem Südzipfel des Oberen Naheberglandes. Auf ihrem zirka 116 km langen Lauf tritt sie nordöstlich von Idar-Oberstein in das Nordpfälzer Bergland ein und verlässt es unterhalb von Kirn. Nach einer Biegung fließt sie in die Talweitung von Bad Sobernheim und damit in das Untere-Nahe-Hügelland. Westlich von Bad Kreuznach schlägt sie erneut für eine kurze Strecke den Weg in das Nordpfälzer Bergland ein und fließt anschließend, unterhalb von Bad Kreuznach, in nördlicher Richtung weiter, passiert das Untere Nahetal und die Nahe-Ebene und mündet bei Bingen in den Rhein. Die harten vulkanischen Ergussgesteine und die felsigen Intrusionen in den weichen, weniger widerständigen Sedimentgesteinen des Rotliegenden haben enge, gewundene und bizarre Talbereiche im Wechsel mit weiten Talabschnitten hervorgebracht.

Westlich von Türkismühle hat die Nahe bis hin nach Neubrücke ein schmales Tal mit steilen Hängen und markanten Felsformen in die Landschaft eingeschnitten. In der anschließenden beckenartigen Erweiterung um Hoppstädten liegen die nach außen ansteigenden Hänge weit auseinander. Die starke Erosionskraft der vom Norden fließenden Bäche, Traunbach und Steinbach, hat die lokale Ausräumung der weichen Rotliegend-Schichten verursacht.

Vom Bahnhof Heimbach bis Idar-Oberstein wechselt der Talcharakter erneut. Basische bis intermediäre Ergussgesteine treten auf, und Melaphyrdecken kommen vor. Dort hat die Nahe ein Mäanderband eingeschnitten. Dicht beieinander liegende Talschlingen mit hohen Bergspornen, unterspülte und steil aufragende Prallhänge sowie kurze, flache und schotterreiche Gleithänge kennzeichnen diesen windungsreichen Flussabschnitt. Die Abtragung war in den harten Gesteinen vorwiegend in die Tiefe gerichtet, so dass die Hangabflachung dahinter zurückblieb. Die felsigen Hänge mit Schutthalden sind bewaldet. Die engen Talabschnitte der Flussschleifen und die Felsvorsprünge des Nahetales erschwerten übrigens den Bahnbau der

Strecke von Bingen nach Neunkirchen an der Saar erheblich. Fünfzehn Tunnels waren erforderlich.

Nordwestlich von Idar-Oberstein tritt die Nahe in das untere Rotliegende ein. Der Talquerschnitt weitet sich so, dass der Fluss in den Schichten und Kiesen der eigenen Talsohle Wiesenmäander ausgebildet hat. Durch das Auftreten von harten Melaphyrzonen im Rotliegenden um Fischbach und Kirn verengt sich der Flusslauf wieder zu einem Durchbruchstal.

Nach einer Wendung in der Fließrichtung kehrt die Nahe in die Bereiche weicher, toniger Sedimente des Rotliegenden zurück. Dort hat sie in einem W-O gerichteten Lauf die breite Talebene bei Bad Sobernheim geschaffen.

Die harten Rhyolithvorkommen bei Bad Münster am Stein durchquert die Nahe in einem windungsreichen Lauf. Der Rotenfels, ein Prallhang, ist mit seinen über 200 m hohen Felswänden die höchste Steilwand nördlich der Alpen – bekannt als ein beliebtes Trainingsgebiet junger Bergsteiger. Unterhalb von Bad Kreuznach durchfließt die Nahe eine große Ausraumzone bis hin zum Durchbruch am Rochusberg. Am linken Talrand ist ein breites Band der Hauptterrasse in 200 m über NN auf den widerständigen devonischen Taunusquarziten, Sand- und Tonsteinen des Rotliegenden erhalten. Die rechte Seite des Tales verläuft dagegen in Gesteinsschichten aus dem Tertiär, der Erdneuzeit, die dem Sedimentationszyklus des Oberrheingrabens angehören. Unterhalb einer krönenden harten Kalksteinschicht bilden leicht erodierbare Mergel-, Sand- und Tonschichten den rechten Talrand. Die unterschiedliche Gesteinsbeschaffenheit der sich gegenüberliegenden Talflanken hat dazu geführt, dass sich der ursprünglich enge Talraum der Nahe auf Kosten des Rheinhessischen Plateaus zu einer breiten Ausraumzone erweitert hat, so dass man hier Schotter-Hauptterrassen vergeblich sucht. Durch die fortschreitende Abtragung der Kalkdecke am rechten Talrand entstanden während der Einschneidungsphasen der Nahe in den darunter liegenden Schichtserien kilometerlange sanft abfallende Bergfußflächen (Glacis), die am Hang als Geländevorsprünge – zur Nahe abfallende, verebnete Riedel – hervortreten. Diese Vorlandflächen der Fußzone am Westrand des Rheinhessischen Plateaus umfassen das größte zusammenhängende Weinbaugebiet der Nahe. Die „Wein-Glacis" bringen in ihren sonnenreichen West- und Südwestlagen Spitzenweine hervor.

Zwischen Münster-Sarmsheim und Bingen durchbricht die Nahe in einem Engtalabschnitt einen SW-NO ziehenden harten Sporn des Soonwaldes aus devonischem Taunusquarzit und trennt damit kurz vor ihrer Mündung in den Rhein den Rochusberg vom Rheinischen Schiefergebirge ab.

## Die Nahe entlang, Städte und Dörfer, Burgen und Kirchen

Gleich auf dem Weg zur oder von der Nahequelle erhält man einen Hinweis zur Territorialgeschichte dieser Region. Man fährt nämlich in **Nohfelden-Selbach** an einem Gasthaus vorbei, das sich „Oldenburger Hof" nennt (Abb. 210). Der Name erinnert an jene Zeit, als das Birkenfelder Land zum Herzogtum Oldenburg gehörte. Der Wiener Kongress hatte so entschieden und auf diese Weise 1817 das norddeutsche Fürstentum für seine Verluste unter Napoleon entschädigt. Das langgestreckte Hofgut, über

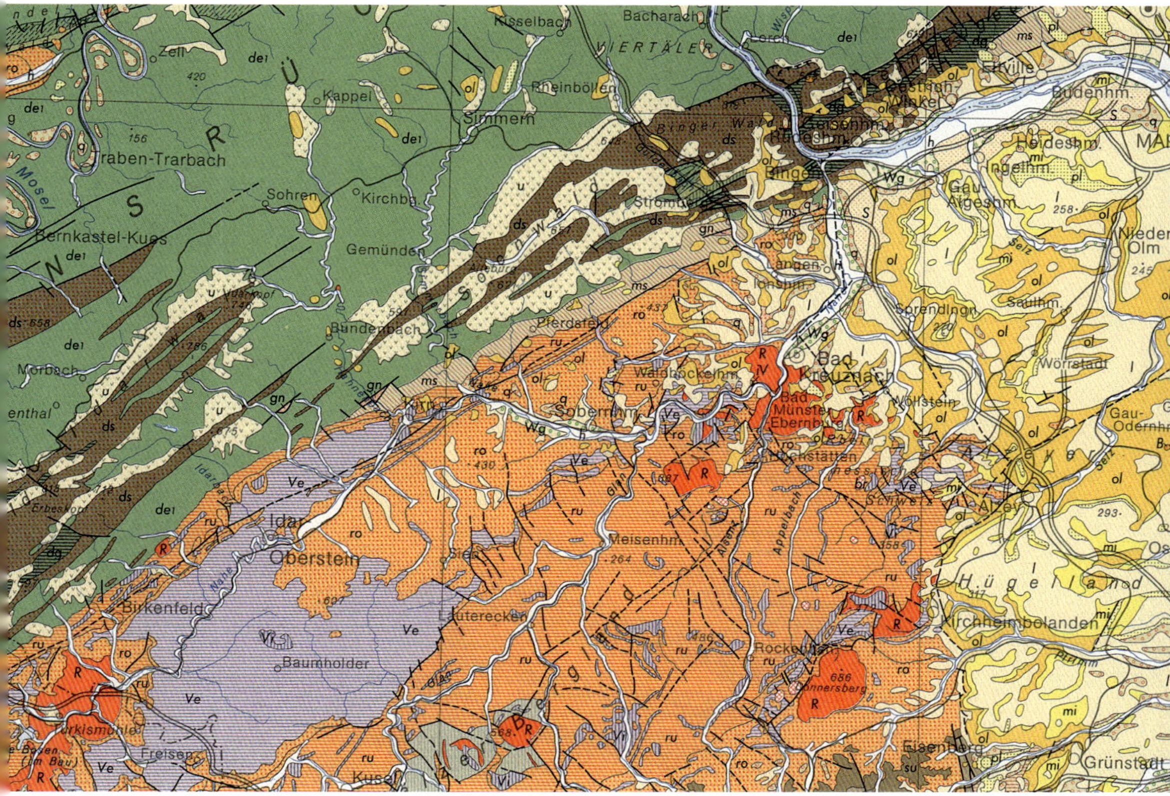


*Abb. 209) Geologische Übersichtskarte der Nahe- und Glanregion im Maßstab 1 : 500 000*

## Farben- und Zeichenerklärung

### Quartär

- h — Ablagerungen in Talauen, kiesig-sandig-lehmig (Holozän)
- v — Hangschutt, Fließerden, Rutschmassen, Schwemmkegel
- S — Flugsand, z. T. mit Dünen
- l — Löß und Lehm (Pleistozän)
- Wg — Würmzeitliche Schotter, Niederterrasse
- Rg — Rißzeitliche Schotter (Rg)
- q — Quartäre Schotter, ungegliedert, meist älteres Pleistozän

### Tertiär

- pl — Pliozän: kieselige Schotter und häufig kaolinhaltige Sande; z. T. auch Obermiozän: „Dinotheriensande" im Mainzer Becken
- mi — Miozän: limnische und brackisch-marine Tonmergel und Kalksteine
- ol — Oligozän, ungegliedert, im Mainzer Becken Mittel- und Oberoligozän: marine Tonsteine und Sande sowie limnische Tonmergel, Kalksteine und Sande, in Küstennähe Gerölle

### Mesozoikum

- su — Unterer Buntsandstein, linksrheinisch: Stauf-Schichten (im Norden, Sandsteine und Konglomerate) und Annweiler Schichten (Fein- und Mittelsandstein)

### Paläozoikum

- ro — Oberrotliegend: Breccien, Konglomerate, Sandsteine, (z. T. Arkosen, Silt- und Tonsteine, rhyolithische Tuffe
- ru — Unterrotliegend: Sandsteine, Arkosen, Konglomerate, Silt- und Tonsteine, z. T. mit Kohleflözen
- deı — Unter-Ems: Hunsrückschiefer u. a. Tonschiefer und quarzitische Sandsteine
- ds — Siegen: Hermeskeilschichten und Taunusquarzit: Sandsteine, sandige Schiefer und Quarzite
- dg, du — Gedinne: (dg) Bunte Tonschiefer u. Quarzite; Unterdevon: (du) S-Vogesen

### Paläozoische Magmatite

- R — Rhyolith (Quarzporphyr): Decken, Schlotfüllungen und Intrusionen, z. T. mit Tuffen, Perm
- Ve — Intermediäre bis basische Vulkanite, meist effusiv, z. T. mit zwischengelagerten Tuffen und Sedimenten, Perm
- Vi — Intermediäre bis basische Intrusivgesteine (Kuselit, Tholeyit, Dacit, Melaphyr u. a.), Perm

### Metamorphe Gesteine

- ms — Metasedimente, z. T. mit Metavulkaniten, S-Rand von Taunus u. Soonwald (Devon?): Phyllite, Quarzite, Grünschiefer, „Sericitgneise"
- gn, g̅n — Gneise ungegliedert, meist Paragneise; g̅n = überwiegend leukokrat

- a, b — Verwerfung oder Blattverschiebung, a) nachgewiesen, b) vermutet
- a, b — Überschiebung, a) nachgewiesen, b) vermutet oder unter Überdeckung

dessen Portal die Jahreszahl 1807 zu lesen ist – damals waren die linksrheinischen Gebiete ein Teil Frankreichs – gehört dem hier zahlreich vertretenen Bautyp des Einhauses an, das Wohn- und Wirtschaftsfunktionen unter einem langen Dach vereint. Tür- und Fenstergewände sind noch spätbarock gestaltet.

Kurz hinter Selbach – 2 km nach Nordosten – passiert man **Nohfelden-Neunkirchen**. Im dortigen Wiesental, in dem sich die beiden Quellbäche der Nahe vereinigen, befinden sich die Reste eines Turmhügelberges (Motte), die allerdings derartig von Sträuchern überwuchert sind, dass man das frühere Ausmaß kaum erkennen kann (Abb. 121). Von der um 1280 in **Nohfelden** erbauten Burg des Geschlechtes Bossel von Oberstein (Idar-Oberstein) stehen immerhin noch der Bergfried und Teile der Ringmauer. Das meiste wurde um 1804 nach der Versteigerung der Anlage abgebrochen.

Der nächste Burgensitz war **Birkenfeld**, einer der Mittelpunkte der Hinteren Grafschaft Sponheim mit Stadtrecht seit 1332. Die mittelalterliche Burg wurde um 1590 zu einem Residenzschloss erweitert, von dessen Gestalt ein Kupferstich von Matthäus Merian aus der Zeit um 1650 Auskunft gibt (Abb. 211). Auch von dieser Pracht ist bis auf einen Torstumpf der Burg und den Torbau des Schlosses nichts mehr erhalten. In der Altstadtstraße „Auf dem Römer" stößt man auf einige historische Bauten, deren ältester (Nr. 9) im Kern von 1590 stammt (1960 wurde er um einen knappen halben Meter verschoben). Er ist einer der wenigen Hunsrücker Massivbauten renaissancezeitlicher Prägung. Besonders sehenswert ist das als Denkmalzone ausgewiesene „Regierungsviertel", das einige klassizistische Bauten aus Birkenfelds Oldenburger Zeit in sich vereint (Abb. 191–193): eine frühere Kaserne von 1842/43 (Schneewiesenstr. 22) und das hoch gelegene, über die Schlossallee zu erreichende sogenannte Neue Schloss von 1819 bis 1821. In der Nähe befindet sich das Landesmuseum Birkenfeld (Friedrich-August-Str.

*Abb. 210) Nohfelden-Selbach, Birkenfelder Str. 1, Oldenburger Hof*

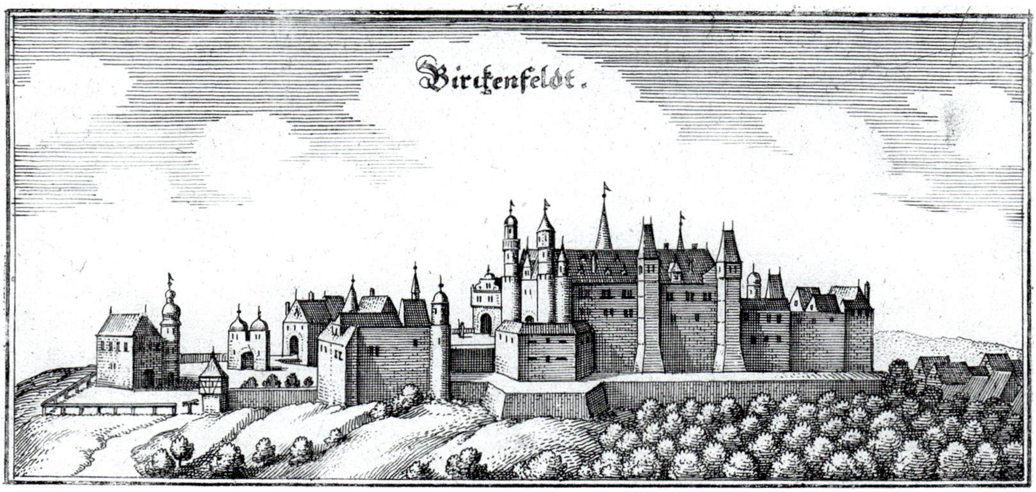


*Abb. 211) Birkenfeld, ehem. Schloss, bis 1717 Residenz der Wittelsbacher Linie Pfalz-Zweibrücken (Bischweiler), 1802 versteigert, danach abgebrochen*

17), dessen Gründungsbau von 1910 dem eines römischen Landhauses nachempfunden ist. Einer seiner thematischen Schwerpunkte ist die gallorömische Zeit (Abb. 34–35 und 38). Erwähnenswert sind sowohl die evangelische als auch die katholische Kirche. Bei dem erstgenannten Bau (Am Kirchplatz) kam es zu einer zunächst merkwürdig wirkenden protestantisch-katholischen Verbindung zwischen dem pfälzisch-zweibrückischen Baudirektor Jonas Erikson Sundahl (Architekt des Schlosses in Zweibrücken) und seinem kurtrierischen Kollegen Johannes Seiz (Architekt des kurfürstlichen Palais in Trier). Die Kirche wurde als Simultaneum gebaut. Seiz hatte 1747 im Auftrag des Trierer Kurfürsten, der Zehntherr war, den Plan für einen Neubau gefertigt, der aber auf keine Gegenliebe bei Pfalz-Zweibrücken stieß. Infolgedessen wurde Sundahl mit einem Gegenplan beauftragt, der indes den räumlichen Erfordernissen nicht entsprach. Damit waren Kurtrier und Seiz wieder am Zug; und es bestand Handlungsbedarf wegen der Baufälligkeit der Vorgängeranlage. Beim Abbruch und schließlich bei der Grundsteinlegung für den Neubau kam es zu Auseinandersetzungen zwischen Katholiken und Lutheranern, die erst nach langem Hin und Her beigelegt werden konnten. Im Jahr 1753 war der Rohbau fertiggestellt. Die Einweihung erfolgte 1757 unter militärischem Schutz Zweibrückens. Man wollte nämlich eine befürchtete katholische Konsekrierung verhindern. Der Westturm der heute protestantischen Kirche stammt von 1895/96. Bei der zweiten Kirche handelt es sich um die neogotische katholische Pfarrkirche St. Jacobus von 1888 bis 1890, entworfen von dem Trierer Architekten Reinhold Wirtz (Abb. 200). Eine besondere Denkmalzone bildet der außerhalb der Stadt, in Richtung Dambach, gelegene jüdische Friedhof. Derartige Anlagen, deren Grabsteine größtenteils aus dem 19. Jahrhundert stammen, sind vielerorts in der gesamten Region anzutreffen (Abb. 251). Synagogen sind dagegen nur in geringer Zahl erhalten – vgl. die Beispiele in Staudernheim (Abb. 230) und in Odenbach am Glan (Abb. 249–250).

Das Landesmuseum Birkenfeld ist eine Station auf dem nach der gallorömischen Heilgöttin benannten **Sirona-Weg**, der auf einer Strecke von 106 Kilometern ab Bundenbach über Stipshausen, Berschweiler, Kempfeld und Oberhambach

*Abb. 212) Birkenfeld, Stadtplan*

nach Hoppstädten-Weiersbach führt (in Hoppstädten ebenfalls ein bedeutender jüdischer Friedhof). Unterwegs kommt man an etlichen Hügelgräbern und einstigen Höhenburgen vorbei, deren Geschichte Informationstafeln erläutern.

Will man den Eindruck einer Siedlung der Treverer im zweiten und ersten vorchristlichen Jahrhundert erhalten, so sollte man das **„Keltendorf" Altburg** bei Bundenbach besuchen, das in der Art eines Freilichtmuseums angelegt ist.

Auf halber Strecke zwischen Birkenfeld und Idar-Oberstein liegt das Dorf **Niederbrombach**. Die Baugeschichte seiner evangelischen Kirche reicht, wie sich am Westturm ablesen lässt, bis in das 13. Jahrhundert zurück. Aus dem 14. Jahrhundert stammt der Chor mit seinen gotischen Fenstern (Abb. 213). Im 15. Jahrhundert wurde das Kircheninnere grundlegend umgestaltet, indem man es über Rundstützen einwölbte und es so in eine zweischiffige Halle verwandelte. Im Chorgewölbe wurden in den 1960er Jahren Reste einer Wandmalerei des 14. Jahrhunderts entdeckt. Verlässt man die B 41 und wendet sich südlich nach Sonnenberg-Winnenberg zu, so gelangt man zur **Ruine der Frauenburg** in einer einst einsamen Waldlage – heute hart an die Schnellstraße Idar-Oberstein – Baumholder (L 176) gerückt (Abb. 214). Zwei mächtige Rundtürme sind das bauliche Zeichen der um 1220 auf einem Bergsporn erbauten Burg, deren Geschichte eng mit der politischen Auseinandersetzung zwischen Kurtrier und der Grafschaft Sponheim verbunden ist. Kurfürst Balduin († 1354) war bestrebt, seinen Machtbereich auf dem Hunsrück auszuweiten und stieß dabei auf den erbitterten Widerstand der Sponheimer. Der Streit eskalierte mit Balduins Gefangennahme, der sich 1327 auf einer Fahrt auf der Mosel befand und dabei auch den sponheimischen Flussabschnitt bei Starkenburg passierte. Initiatorin des Überfalls war Gräfin Loretta, mutmaßliche Namensgeberin der Frauenburg, die nach der Volljährigkeit ihres Sohnes ihr Witwensitz wurde. Ihr Grundriss ist rechteckig, fünf Türme – vier äußere und ein innerer – sicherten einst die recht kleine Anlage, die im 17. Jahrhundert zerstört wurde. Die erhaltenen Teile bilden die Ostpartie.

*Abb. 213) Niederbrombach, evangelische Kirche*

*Abb. 214) Burgruine Frauenburg bei Frauenberg*

*Abb. 215) Idar-Oberstein, Stadtteile Idar, Tiefenstein und Algenrodt*

Durch das Nstollemahetal erreicht man **Idar-Oberstein**, dessen nördlicher Stadtteil Idar vom Idarbach durchflossen wird, während der ältere östlich gelegene Stadtteil – Oberstein – an der Nahe liegt, die allerdings auf eine Länge von zirka 2 km in den 1980er Jahren zugunsten einer vierspurigen Straße überbaut worden ist (Abb. 215). Über dem Stadtkern liegen die Ruinen der beiden Burgen (Abb. 216). Die ältere ist der Bosselstein oder die **Alte Burg**, die jüngere das höher gelegene Neue Schloss. Von der erstgenannten Anlage, die sich über der Felsenkirche befindet, sind nur mehr der runde Bergfried mit Hocheingang und Reste der Ringmauer erhalten (Abb. 2). Schriftquellen bezeugen schon für das erste Viertel des 13. Jahrhunderts die Existenz einer Burg mit dem Namen „Stein", die heutige Ruine. Die Geschlechter von Stein und von Daun waren damals kurtrierische Lehnsempfänger. Die kleine, spätere Grafschaft wurde 1776 markgräflich badisch. Kup- ferstiche des mittleren 17. Jahrhunderts zeigen einen dreifach gegliederten Aufbau des Ortes: auf der unteren Ebene die stadtähnliche Siedlung mit ihren Fachwerkhäusern, auf der mittleren die Felsenkirche und auf der höchsten die Alte Burg – das Ganze umschlossen von einer gemeinsamen Mauer. Die Alte Burg wurde schon im 17. Jahrhundert aufgegeben und verfiel. Das **Neue Schloss**, dessen Bauherren demselben Herrschergeschlecht angehörten, erhielt wohl im 16. Jahrhundert – der Zeitpunkt ist bisher unbekannt – eine bastionsartige Verstärkung und wurde während einer französischen Besetzung im späten 17. Jahrhundert noch festungsartig ausgebaut. Bei ihrem Abzug

sprengten die Franzosen die Anlage teilweise, die im Übrigen den Pfälzischen Erbfolgekrieg einigermaßen überstand. Den weitaus größten Schaden richtete 1855 ein Brand an, auf den ein weiterer Niedergang folgte. Erkennbar ist noch die Lage der vier Ecktürme und des runden Bergfriedes im Innenhof. Ein malerisches Bild bietet die talseitige Bebauung mit ihrem spätgotisch wirkenden Erker und dem hohen, das sonstige Mauerwerk überragenden Schornstein des „Kaminbaues". Allerdings ist hier vieles rekonstruiert worden. Die beiden Burgen sind durch einen Waldweg miteinander verbunden und zugleich durch mehrere Gräben voneinander getrennt. Die unter der Alten Burg gelegene **Felsenkirche** geht in ihrer heutigen Gestalt auf die Jahre 1482–1484 zurück. Der durch einen Steinschlag getroffene Bau wurde 1742 wiedererrichtet. Das spätgotische Kreuzrippengewölbe ist teilweise erhalten. Ein Bildnisgrabstein erinnert an einen der früheren Burgherren, den 1432 verstorbenen Philipp von Daun-Oberstein (Abb. 114). Berühmtestes Ausstattungsstück ist ein Altarretabel aus der Zeit um 1420 (?) mit der Kreuzigung Christi (Abb. 113). Möglicherweise gehörte der anonyme Künstler einer Mainzer Werkstätte an. Einige Fachwerkhäuser unterhalb der Felsenkirche vermitteln noch den Eindruck des ursprünglichen Siedlungsbildes. Hinzuweisen ist vor allem auf das älteste Haus, das aufgrund einer dendrochronologischen Untersuchung um 1412 datiert werden konnte (Hauptstr. 468–470).

**Idar** – der jüngere Teil der Altstadt – verfügt über einen reichen Baubestand ab der zweiten Hälfte des 19. Jahrhunderts. Häuser vom Historismus bis zur Neuen Sachlichkeit finden sich vor allem in den fast parallel geführten beiden großen Straßen, der Haupt- und der Mainzer Straße und in der von ihr abzweigenden Dr.-Liesegang-Straße sowie in der Straße Hasenklopp.

Idar-Obersteins Bedeutung als deutsches Zentrum der Edelsteinbearbeitung und Schmuckherstellung wird vielerorts in der Stadt deutlich. Einen Überblick über die Gewinnung der edlen Steine, die als Achat, Jaspis und Bergkristall von Natur aus in der Region vorkommen, gibt der

*Abb. 215) Idar-Oberstein, Stadtteil Oberstein*

Besucherstollen „Edelsteinmine Steinkaulenberg“ im Stadtteil Algenrodt. Im Stadtteil Tiefenstein (Tiefensteiner Str. 87) befindet sich die „Historische Weiherschleife“, in der man die Bearbeitung der Steine nach traditioneller Art beobachten kann (Abb. 21–22). Um die neuzeitliche Fertigung zu erleben, bedarf es nur des Besuchs einer der zahlreichen Edelsteinschleifereien, die sich über das ganze Stadtgebiet verteilen. Unterhalb der Felsenkirche liegt das „Deutsche Mineralienmuseum“ (Hauptstr. 436), das über einen reichen Schatz aller Sorten an Steinen verfügt, die eine besondere Brillanz ausstrahlen. Das „Deutsche Edelsteinmuseum“ im Stadtteil Idar (Hauptstr. 118) vervollkommnet dieses Bild aufgrund seiner Präsentation edlen, auch modernen Schmucks. Ein industriehistorisches Zeugnis besonderen Genres ist das „Industriedenkmal Jakob Bengel“ im Stadtteil Oberstein (Wilhelmstr. 42a). In dem aus früherer Fabrik, Fabrikantenvilla und Werkswohnungen bestehenden Bauensemble lässt sich die industrielle Schmuckfertigung ab dem späten 19. Jahrhundert nachvollziehen. Im Jahr 1974 wurde die „Deutsche Diamant- und Edelsteinbörse“ eröffnet. Ihr Hochhaus prägt seitdem die Stadtsilhouette.

Idar-Oberstein zieht sich naheabwärts in östlicher Richtung bis Weierbach hin. Die früheren Dörfer heben sich kaum von den sich ausdehnenden Gewerbegebieten ab. Sehenswert sind die Kirchen in Kirchenbollenbach, Georg-Weierbach, Weierbach sowie im benachbarten Fischbach (in der dortigen ev. Kirche barocke Gemälde des Hunsrück-Künstlers Johann Georg Engisch). Die heutige evangelische Kirche in Kirchenbollenbach wur-

*Abb. 216) Idar-Oberstein, links das Neue Schloss, rechts das Alte Schloss („Bosselstein“), darunter die Felsenkirche*

de 1755 unter der Leitung des wild- und rheingräflichen Hofbaumeisters Johann Thomas Petri gebaut und als Simultaneum eingerichtet. Exponiert ist die Lage der evangelischen Kirche von Georg-Weierbach. Sie besitzt einen romanischen Turm und einen Chor mit gotischen Fenstern. Die Kirche des auf der rechten Seite der Nahe gelegenen Weierbach ist ein Saalbau von 1792/93. Architekt war, wie es die damalige markgräflich-badische Landesherrschaft mit sich brachte, ihr Oberbaurat Wilhelm Frommel. Er entwarf eine frühklassizistische Kirche, die sich mit den Bauten Gottlieb Ferdinand Lindemanns vergleichen lässt (siehe Winterburg, Abb. 183, und Becherbach, Abb. 186–187).

Ein kurzes Stück nordwestlich der Abzweigung der B 270 von der B 41 liegt das Dorf Bärenbach mit der Burgruine Naumburg, auf die ein kleiner, rekonstruierter Aussichtsturm aufmerksam macht. Das historische Fischbach ist für seine Gewinnung von Kupfer bekannt. Ein entsprechender Untertageabbau war bis 1792 in Betrieb. Die Anlage, die mit ihrem weitverzweigten Stollensystem beeindruckt, ist heute als Besucherbergwerk zugänglich.

**Kirn** liegt gut 10 km nordöstlich von Fischbach und Weierbach. Schon von weitem sieht man von der B 41 aus die Ruine der Kyrburg oberhalb der Stadt, die an der Mündung des Hunsrückbaches Hahnenbach in die Nahe liegt

*Abb. 217) Kirn, Stadtplan*

(Abb. 217). Aus Kirns mittelalterlicher Ausbauzeit – bis zum Untergang des Alten Reichs „Hauptstadt" der Wild- und Rheingrafschaft – ist die ehemalige Stiftskirche St. Pankratius erhalten. Die unteren Geschosse des an die Südseite gerückten Turms sind noch romanisch. Das Innere der Hallenkirche ist weitgehend neogotisch, der Chor mit seinen Maßwerkfenstern spätgotisch. In der Kirche befinden sich mehrere Grabdenkmäler des wild- und rheingräfliches Hauses, darunter eine Liegefigur auf einer Tumba des Grafen Gerhard († 1473). An die Kirche schließt sich ein früheres Piaristenkloster aus den Jahren 1765–1769 an, das der katholische Fürst Johann XI. Dominik diesem Schulorden zur Verfügung stellte (Abb. 173). Architekt des spätbarock-frühklassizistisch gestalteten Baues war der erwähnte Hofbaumeister Johann Thomas Petri. Sehenswert ist das Treppenhaus des Gebäudes, das heute als städtisches Rathaus dient und damit öffentlich zugänglich ist. Petri hat auch die sogenenannte Fürstliche Kellerei (Kallenfelser Str. 1, heute Hotel „Alte Kellerei") entworfen, deren hufeisenförmige Anlage an einen Schlossbau erinnert (Abb. 171). Um den Marktplatz gruppieren sich einige Bauten des späten 16. bis 19. Jahrhunderts. Ältester Fachwerkbau ist das Haus Nahegasse 2, das dendrochronologisch 1482 +/– 5 datiert ist. Als ein reich dekoriertes Glanzstück des im letzten Viertel des 16. Jahrhunderts blühenden Fachwerks kann Steinweg 8 gelten, bezeichnet 1592 (Abb. 218). Die Nordwestecke des Marktplatzes bildet ein Haus von 1923, das musterhaft die Verbindung des Expressionismus mit dem Art déco darstellt (Abb. 205). Über die Nahegasse (südwestliche Marktplatzecke) gelangt man zu den Bauten, die zur Zeit des letzten regierenden Wild- und Rheingrafen das Schloss Amalienlust bildeten. Es handelt sich in dem heute gartenähnlichen Gelände am Teichweg um eine kleine rondellartige Residenz mit mehreren barocken Pavillons, so für den Fürsten und die Fürstin (Abb. 178). Ein kleines Theater gehörte dazu. Von dem architektonischen Ambiente dieses zur Nahe orientierten Altstadtbereichs – einst Standort mehrerer Gerbereien – hebt sich ein Geschäfts- und Mietshaus von 1931 ab, das aufgrund seiner kühlen und sachlichen Sprache auf die Ideen des „Neuen Bauens" hinweist (Abb. 206). Es ist als ein bemer-

*Abb. 218) Kirn, Steinweg 8*

kenswerter Einzelfall zu bewerten, dessen Architektur auf das Baubüro von Otto Deyhle (Rastatt/Pforzheim) zurückgeht. Seine Pforzheimer Bauten aus den Jahren zwischen 1906 und 1913 sind von einem verhaltenen Jugendstil geprägt. Etwas östlich von der Kirner Altstadt befindet sich die katholische Pfarrkirche St. Pankratius von 1892–1894, die der Freiburger Architekt Max Meckel als neogotischen Bau entworfen hat (vgl. die Rochuskapelle oberhalb von Bingen, Abb. 202–203 und 244). Mit Erstaunen nimmt man im Inneren ein Sakramentshäuschen von 1482 wahr. Es weist auf jene Zeit hin, als das in der ehemaligen Stiftskirche praktizierte Simultaneum aufgelöst wurde, sich die Katholiken eine eigene Kirche erbauten und in sie mittelalterliche Ausstattungsstücke der Heimatkirche integrierten.

Abgesehen von der Innenstadt bietet Kirn mit der Kyrburg eine weitere Sehenswürdigkeit (Abb. 129–130 und 219). Ein Besuch lohnt sich alleine schon wegen der Aussicht in das Nahetal wie in das Hahnenbachtal mit den Resten der Burg Steinkallenfels über ihm und dem ‚Schloss' Wartenstein in der Ferne (Abb. 135). Bauherren der 1128 zum ersten Mal erwähnten Kyrburg waren die Wildgrafen. Seit 1734 ist die Anlage Ruine. Man erreicht sie von der Stadt aus ab der früheren „Fürstlichen Kellerei" (Hotel „Alte Kellerei", Abb. 171), danach über die Straße „Auf der Schanze" (vgl. die Beschreibung und den Grundriss der Kyrburg S. 87–90, Abb. 129).

Entfernungsmäßig ist das nächste Ziel Hochstetten-Dhaun, das mit Kirn in einem engen thematischen Zusammenhang steht; denn die ehemalige Stiftskirche des Ortsteils Johannisberg ist Grablege der Wild- und Rheingrafen, und ‚Schloss' Dhaun war ein weiterer Sitz dieses Geschlechtes. An Kirns östlichem Ende liegt ein riesiger Steinbruch, in dem Grauwacke für den Straßenbau gebrochen wird, und unweit der Steinbruchkante steht die kleine Kirche, die im ersten Viertel des 14. Jahrhunderts gegründet wurde und im ausklingenden 16. Jahrhundert ihren spätgotischen Chor erhielt (Abb. 84–85). Der Turm nimmt

*Abb. 219) Burgruine Kyrburg oberhalb von Kirn, rechts die Hauptburg mit dem südwestlichen Rondell, links das sogenannte Garnisonsgebäude*

die Südwestecke ein. Im relativ kleinen Inneren des Saalbaues ist man von der dichten Aufstellung der Grabdenkmäler überrascht. Prächtigstes Beispiel ist das des 1585 verstorbenen Christoph und seiner Familie (Abb. 139). Der Bildhauer Johann von Trarbach hat dieses Meisterwerk geschaffen. Seine Arbeiten unterstreichen die fürstliche, offizielle Aufgabe der Abgebildeten. Eine persönliche, sehr menschliche Welt zeigt hingegen das barocke Denkmal des Grafen Johann Philipp († 1693) und seiner Frau. Die Dargestellten präsentieren sich als erwartungsvoll-hilfesuchende Menschen unter dem Kruzifix (Abb. 140).

Kurz hinter der Dorfidylle von St. Johannisberg liegt ‚Schloss' Dhaun, dessen festungsartigen Ausbau des 16. Jahrhunderts – sicherlich in dessen erster Hälfte – man am besten aus südöstlicher Richtung wahrnimmt (Abb. 220). Gut sichtbar sind die beiden Bastionstürme, die mächtige Rondelle bilden. Der zum Dorf gewendete Turm wird von einem Konsolenfries mit Dreipassbögen abgeschlossen – ein spätes Zeichen für gotische Gestaltung (Abb. 221). Über den Bastionen steht etwas nach hinten versetzt als jüngerer Bau das eigentliche Schloss, das 1729 nach dem Verlust des Vorgängerbaues errichtet wurde und ein ausgesprochen schlichtes Äußeres zeigt (Abb. 133). Der Zugang zum Burg-/ Schlossareal liegt neben der zum Ort orientierten Bastion. Von dem im 19. Jahrhundert historistisch überformten Eingang führt der Weg durch den Zwinger und vorbei an der Ruine der Georgskapelle von 1608 zum oberen Tor, über dem sich ein Gusserker mit dem 1526 bezeichneten Allianzwappen des Wild- und Rheingrafen Philipp und seiner Frau Antonia von Neufchatel befindet (Abb. 14). Anschließend öffnet sich der sogenannte Turnierplatz, von dem man einen weiten Blick in die Hunsrückregion und ins Kellenbachtal hat. Richtung Nahe ist der erwähnte Schlosstrakt positioniert, von dem aus das vor ihm liegende Terrain der beiden Bastionen zu erreichen ist. Sie lassen sich über einen ebenerdigen Zugang auch unterirdisch ergründen und stellten mit ihren schachtartigen Gängen, den verwinkelten Treppen und Gewölbekammern ein verteidigungsfähiges, auch für

*Abb. 220) Hochstetten-Dhaun, ‚Schloss' Dhaun von Südost*

Geschütze geeignetes Bollwerk dar (Abb. 134). Schließlich gelangt man zum Ausgang und befindet sich auf dem Gelände vor den Bastionen, auf der einstigen Kurtine. Schloss Dhaun ist seit 1957 eine Jugend- und Erwachsenenbildungsstätte des Kreises Bad Kreuznach. Ihre Bezeichnung ist „Heim-Volkshochschule Schloss Dhaun". Seit 1991 befindet sich hier auch die Kommunalakademie Rheinland-Pfalz.

In seinem rückwärtigen Bereich fällt das Gelände von ‚Schloss' Dhaun steil zum erwähnten Kellenbachtal ab. Der Kern des sich anschließenden Dorfes **Simmertal** – früher Simmern unter Dhaun – verbirgt sich hinter einem Neubaugebiet und besitzt gleich hinter der barocken evangelischen Pfarrkirche ein kleines historisches Rathaus, das als das älteste bauliche Beispiel für eine zumindest teilweise verbürgte dörfliche Eigenständigkeit in dieser Region gilt (Abb. 222). Über dem spätgotischen Portal ist die Jahres-

*Abb. 221) Hochstetten-Dhaun, ‚Schloss' Dhaun, dorfseitige Bastionstürme*

*Abb. 222) Simmertal, Rathaus*

zahl 1499 zu lesen. Ein weiteres Datum – 1575 – weist auf einen Umbau hin. Hinter Simmertal bieten sich naheabwärts zwei Routen in Richtung Bad Sobernheim an: die B 41 auf der linken Flussseite über Monzingen und ab Martinstein die weniger befahrene Strecke rechts der Nahe über Merxheim und Meddersheim. Zunächst einige Hinweise zu **Monzingen**: Es handelt sich um ein Dorf, dessen Mitte einen durchaus urbanen Charakter aufweist. Das Äußere der hoch gelegenen Kirche offenbart mehrere Bauphasen mit romanischen bis spätgotischen Formen (Abb. 97). Das Innere besticht vor allem aufgrund der Taufkapelle von 1505, deren Deckengewölbe sich aus einem vielfältigen Maßwerkspiel entwickelt (Abb. 98). Baumeister war Philipp von Gmünd, der Architekt der Schlosskirche zu Meisenheim (Abb. 91–96 und Umschlagrückseite). In der Nachbarschaft der Monzinger Kirche befinden sich einige Fachwerkhäuser des späten 16. Jahrhunderts, Hauptstraße, 59 und 64 (Abb. 156 und 223), die im Hinblick auf ihren Schmuckreichtum im südlichen Rheinland ihresgleichen suchen. Am Beginn der Kirchstraße steht ein traufständiges Beispiel aus dieser Zeit; und Hauptstraße 74 ist ein mit zwei Erkern ausgestattetes massives Pendant von 1574. Die Westseite des kleinen Marktplatzes (Hauptstr. 66) nimmt das Rathaus von 1861 bis 1864 ein – ein Sandsteinquaderbau, der in seiner historistischen Gestaltung ein Bauverständnis widerspiegelt, das sich am Mittelalter orientierte und zugleich noch im Klassizismus verhaftet war (vgl. das Gegenstück in Sponheim; Abb. 204).

*Abb. 223) Monzingen, Hauptstr. 64*

**Merxheim**, auf der rechten Naheseite gelegen, macht mit seinem massiv ausgeführten Rathaus von 1550 auf sich aufmerksam, dessen Erker Renaissanceformen in der Manier von Grotesken zeigt (Abb. 145–146). Ein weiterer steinerner Renaissancebau mit Erker aus den Jahren um 1574 befindet sich in der Bachstraße (Nr. 17; Abb. 153). Erwähnenswert ist außerdem die katholische Kirche (Hauptstr. 19), deren Bau aus einem nicht fertiggestellten klassizistischen Schloss hervorgegangen ist (Abb. 185). Der als notwendig erachtete Turm kam 1919 dazu. Die Kirche im Nachbardorf **Meddersheim** stellt sich auf den ersten Blick als ein Barockbau vor (Abb. 42). Ein Rundgang um sie macht allerdings klar, dass der an die Seite gerückte Turm im Untergeschoss noch romanisch und der Chor spätgotisch ist. In der Nähe der Kirche befinden sich einige Wohnbauten des 18. Jahrhunderts, so in der Sobernheimer Straße das heutige Gemeindehaus (Abb. 224) und zu Beginn dieser

Abb. 224) Meddersheim, Gemeindehaus

Straße ein stattlicher Barockbau mit imposantem Mansarddach (Abb. 179). Nähert man sich **Bad Sobernheim** vom Westen her, so sieht man zunächst ein ausgedehntes Industrie- und Gewerbegebiet vor sich, bevor man in die Altstadt gelangt. Der Ort wurde mit städtischen Rechten mehrfach bedacht, rechtskräftig wurde aber erst die Verleihung von 1330. Eine Ummauerung ist bereits für das späte 13. Jahrhundert nachgewiesen. Von der Stadtmauer, die während der französischen Einnahme von 1689 zerstört wurde, sind nur wenige Reste erhalten, beispielsweise bei dem sogenannten „Pförtnerhäuschen" in der Wilhelmstraße. Der Mauerverlauf ist aber in der Straßenführung noch nachvolllziehbar (Ringstraße usw.). Die Stadt war zunächst kurmainzisch und wurde in der zweiten Hälfte an die Kurpfalz verpfändet, bei der sie bis ans Ende des Alten Reichs blieb. „Bad" nennt sich Sobernheim seit 1995.

Stadtrundgang (Abb. 225): Zentrum ist der Marktplatz mit der in nächster Nachbarschaft gelegenen evangelischen Matthiaskirche, die, wie ihr teilweise rekonstruierter Nordturm (Willigisturm) zeigt, noch Reste romanischer Gestaltung aufweist (Abb. 44). Den bestimmenden Akzent setzt allerdings der wuchtige Westturm von 1500, der sich aus einem Viereck über ein Achteck bis hin zu einem bekrönenden Kegel entwickelt (Abb. 56). Vorzüglich gearbeitet ist der Chor mit seinen spätgotischen Fenstern. Die Querdächer mit Giebeln an der Nordseite sind erneuert. Die dreischiffige Kirche des späten 15. Jahrhunderts ist vierjochig angelegt und kreuzrippengewölbt. Das Langhaus geht im Anschluss an den Triumphbogen in den hellen Chor mit seinen großen Maßwerkfenstern über. Die Decke ist in diesem Bereich als ein Netz- und Sternengewölbe ausgeführt (Abb. 100 und 226). Vom besonderen Reiz sind

*Abb. 225) Bad Sobernheim, Stadtplan*

die alten Farbfassungen, die als Rankenwerk und als figürliche Darstellungen, etwa in der Form skurriler Köpfe, die Decken schmücken (Abb. 102). Reste bauzeitlicher Glasgemälde hat das mittlere Chorfenster bewahrt. Von der historischen Ausstattung ist das Grabdenkmal eines 1463 verstorbenen Richard von Löwenstein an der nördlichen Wand des Vorchors bemerkenswert (Abb. 115). Die Orgel auf der Empore im Westen – sie stammt von 1739/40 – ist eine besonders prächtige Arbeit der Brüder Stumm aus Rhaunen und Sulzbach (Abb. 168). Und nicht zuletzt sind die Kirchenfenster hervorzuheben, die Georg Meistermann in den Jahren 1962 bis 1964 entworfen hat. Sie verleihen dem Kirchenraum, zusammen mit der spätmittelalterlichen Gestaltung der Wände und Decken, eine kaum zu übertreffende lichte Farbigkeit.

Von der Matthiaskirche aus und dem sogenannten Denkmalplatz mit der angrenzenden Igelsbachstraße – dort steht als früherer Adelshof der „Ehemhof" von 1588 (Igelsbachstr. 8) – sind es nur kurze Wege zu den anderen sehenswerten historischen Bauten: im Südosten die in der zweiten Hälfte des 16. Jahrhunderts errichtete Disibodenberger Kapelle (Kapellenstr. 5), deren Name auf das Kloster Disibodenberg hinweist und die vor allem wegen des Reliefs einer Kreuzigung über dem Portal bekannt ist (Abb. 103–104); der Marktplatz mit seinem Rathaus des 19. Jahrhunderts und einem die Umgebung prägenden Barockbau (Marktplatz 9; Abb. 144) an der Ostecke (zur Kirchstraße hin) sowie mit einem Fachwerkbau, der im Kern dem mittleren oder späten 16. Jahrhundert angehört; am Übergang des Platzes zur Oberen Großstraße der „Russische Hof" mit Treppenturm, ein einstiger Adelshof, spätes 16. Jahrhundert (Großstr. 55–57). Von der nördlichen Marktplatzseite erreicht man über die Saarstraße den Priorhof (Priorhofstr. 16–18), 1572 als städtisches Hofhaus des Klosters Disibodenberg errichtet und heute Heimatmuseum (Abb. 227). Bemerkenswert sind der schmale, dreiseitig vortretende Erker (Abb. 151) und der Standerker mit seinem Schwebegewölbe. Es zeigt sich, dass die Einwölbungskunst des Philipp von Gmünd, wie sie sich in der Meisenheimer Schlosskirche und der Kirche in Monzingen beweist, auch im gehobenen Hausbau verwirklicht wurde. Die Saarstraße geht in die Malteserstraße über. Ihr Name erinnert an eine Niederlassung des Malteserordens, nach dem auch die dortige Kapelle benannt ist. Sie stammt aus dem mittleren 15. Jahrhundert. Von hoher künstlerischer Qualität sind die spätgotischen Maßwerkfenster des Chors und das Netzgewölbe im Kircheninneren (Abb. 105). Bei der letzten Renovierung konnten in einer Fensternische Reste einer Wandmalerei mit Bildnissen der als Märtyrer verehrten Heiligen Vitus und Crescentia entdeckt werden. Sie wurden der Legende nach ihres Glaubens wegen in Kessel mit siedendem Öl gesteckt und überstanden unversehrt diese Tortur (Abb. 106). Gegenüber der Malteserkapelle befindet sich die katholische Kirche St. Matthäus (Herrenstr. 18), die 1898/99 nach Plänen des bekannten Kirchenbaumeisters Ludwig Becker errichtet wurde. Der neogotische Bau ist aufgrund seiner erhaltenen Ausstattung und Farbgebung ein gutes Beispiel historistischer Architekturvorstellungen (Abb. 197). Im Kircheninneren befinden sich einige mittelalterliche Grabdenkmäler, die aus der evangelischen Matthiaskirche stammen und nach der Aufgabe des Simultaneums hierher verbracht wurden. Von der katholischen Kirche geht es zurück zur Malteserkapelle und von dort zur Gymnasialstraße. Ihr Umfeld und den zwischen der Malteserstraße und der Kleinen Kirchstraße gelegenen Bereich prägen einige repräsentative Häu-

*Abb. 226) Bad Sobernheim, evangelische Matthiaskirche*

Abb. 227) Bad Sobernheim, Priorhof (Heimatmuseum)

ser des mittleren 18. Jahrhunderts, die ein geschlossenes barockes Ensemble bilden (Saarstr. 30 und Ecke Kleine Kirchstr. 2). Die Gymnasialstraße führt zur früheren Synagoge hin. Der schlichte spätklassizistische Eckbau von 1859 dient heute als Öffentliche Bücherei. In der sich anschließenden Wilhelmstraße (Nr. 8) stößt man auf einen ehemaligen Adelshof des 16. Jahrhunderts, den Steinkallenfelser Hof (heute Gaststätte „Zur Hohen Burg"). Die Ecke Wilhelmstr./Großstraße nimmt das sogenannte Haus „Zum kleinen Erker" ein, das 1614 und 1622 bezeichnet ist und als eines der markantesten renaissancezeitlichen Steinhäuser der gesamten Region gelten kann (Abb. 152). Von der Großstraße zweigt die Marumstraße ab, die von der Kreuzstraße durchschnitten wird. Dort befindet sich die 1737 bezeichnete frühere evangelische Philippskirche mit dem neobarocken „Kaisersaal" von 1905. Über die Neugasse gelangt man zurück zum Marktplatz.

Bad Sobernheims Kurgeschichte ist eng mit der naturheilkundlichen Therapie des Pastors Emanuel Felke („Lehmpastor") verbunden, der 1915 an die Nahe zog und dort bis zu seinem Tod (1926) lebte. Von der Wirksamkeit seiner medizinischen Lehre hatte sich zuvor schon der Sobernheimer Andreas Dhonau überzeugen können, dem anschließend der Bau einer entsprechenden Kureinrichtung in seiner Heimat ein besonderes Anliegen war. Ab 1912/13 entstand auf Sobernheims südlichem Naheufer in mehreren Schritten ein solches Gebäudeensemble, das in ein parkähnliches Gelände eingebettet ist (heute ‚Romantik Hotel BollAnt's im Park', Abb. 30). Südlich von dieser Anlage liegt das Igelsbachtal oder Nachtigallental. Es ist Standort des zentralen **Rheinland-Pfälzischen Freilichtmuseums**. Eines der Museumsdörfer ist der traditionellen ländlichen Baukultur der Hunsrück- und Nahe-Region gewidmet (Abb. 229). Der beigegebene Lageplan gibt einen Überblick über die bauliche Situation (Abb. 228).

Naheabwärts folgt als nächster Ort **Staudernheim**, der wie viele Kleinstädte und Dörfer dieser Region zwei Kirchen besitzt, eine für die Protestanten und eine für die Katholiken. Der Bau der katholischen Kirche – sie entstand zwi-

Abb. 228) Bad Sobernheim, Rheinland-Pfälzisches Freilichtmuseum, Baugruppe Hunsrück-Nahe

schen 1768 und 1770 – wurde von dem wild- und rheingräflichen Landesherrn gefördert. Architekt war Baudirektor Johann Thomas Petri, auf dessen Planung auch das stattliche, zugehörige Pfarrhaus und das bescheidenere Küsterhaus zurückgehen (Abb. 176–177). Die drei Bauten bilden eine gelungene spätbarocke Einheit. Den mit Rocaillen besetzten und farbig gefassten Altar, der von geschwungener Kontur ist und dessen Aufbau sich bis zum Kreuz steigert, hat der moselländische Bildhauer Johann Philipp Maringer geschaffen. Ein in der Komposition verblüffend ähnliches Gegenstück desselben Künstlers befindet sich in der katholischen Pfarrkirche zu Bitburg und schmückte, bevor es in die Eifel abwanderte, die Simultankirche in Sien, ehemals ebenfalls ein wild- und rheingräflicher Besitz. Zu vergleichen sind hiermit auch die Altäre der katholischen Pfarrkirche St. Josef Calasanza in Kirn-Sulzbach. Staudernheims zweite Kirche, die evangelische, bestimmt mit ihrem Westturm und der hohen, ihn begleitenden Fassade den Ortsmittelpunkt (vgl. S. 126, Abb. 194–195). Architekt dieses neogotischen Baues von 1870 war der damalige Kreisbaumeister Krausch. Das Innere des restaurierten Saalbaues zeichnet sich durch eine bauzeitliche Ausmalung aus. Als dritter Sakralbau ist die ehemalige Synagoge (Am Wolfsgang 3) zu nennen, ein bescheidener Sandsteinquaderbau von 1896. Beim Novemberpogrom 1938 wurde er demoliert, aber nicht total zerstört. In der Nachkriegszeit diente die

*Abb. 229) Bad Sobernheim, Rheinland-Pfälzisches Freilichtmuseum, Baugruppe Hunsrück-Nahe*

*Abb. 230) Staudernheim, Am Wolfsgang 3, ehemalige Synagoge*

Synagoge als Unterkunft für Flüchtlinge, danach befand sie sich in Privatbesitz und wurde 1969 (!) zu einer Garage umgebaut, 1989 nahm sie der „Museumsverein Synagoge Staudernheim e.V." in seine Obhut und restaurierte sie nach und nach. Heute ist sie Gedenkstätte und Ausstellungsort (Abb. 230). Der außerhalb von Staudernheim, in Richtung Abtweiler gelegene und um 1850 angelegte jüdische Friedhof ist erhalten.

Unmittelbar östlich von Staudernheim mündet der Glan in die Nahe. Auf der von den beiden Flüssen umflossenen Bergkuppe liegt die **Ruine des Klosters Disibodenberg**. Der frühere Zustand der archäologisch ergrabenen Anlage, die sich in diesem „romantischen" Waldgelände verbirgt, ist anhand von Informationstafeln ablesbar (vgl. S. 47–48; Abb. 57–60).

Bei der Weiterfahrt Richtung Osten bietet sich als Alternative die Schnellstrecke über die B 41, die nach Waldböckelheim führt, oder die Flussroute längs der Nahe an. In **Waldböckelheim** bezeugen zwei stattliche historistische Kirchen den architektonischen Ehrgeiz sowohl der katholischen als auch der protestantischen Gemeinde (Abb. 189). Die erste Kirche aus den Jahren 1833–1836, die Klassizismus mit Neoromanik in sich vereint, ist eine monumentale Erscheinung; die zweite von 1863/67 ist ein neogotisches Beispiel, das aufgrund seiner exzellenten Höhenlage landschaftsprägend wirkt. In der Hauptstraße (Nr. 6) befindet sich mit der früheren Kurmainzischen Faktorei ein Renaissancebau von 1575 (Abb. 155). Von Waldböckelheim erreicht man über eine nach Norden führende kleine Landstraße **Burgsponheim**. Von der Burg der Grafen von Sponheim ist der Bergfried erhalten, dessen aus Buckelquadern gefügtes Mauerwerk ein besonderes Zeugnis staufischer Baukunst ist (Abb. 122). **Sponheims** Bedeutung zeigt sich bereits aus der Ferne, wenn man die Silhouette der einstigen Klosterkirche wahrnimmt (vgl. S. 48–50; Abb. 61–68).

Wählt man ab Staudernheim die Flussroute längs der Nahe, so hat man sich zwischen dem rechten und linken Ufer zu entscheiden. Auf der nördlichen Route erreicht man zunächst **Boos** und

*Abb. 231) Burgruine Schloßböckelheim*

trifft dort – auf dem kleinen Marktplatz – auf das Rathaus des 18. Jahrhunderts mit seiner offenen Laube (Abb. 147) und auf die dahinter stehende evangelische Kirche mit ihrem romanischen Turm (vgl. S. 39, Abb. 40). Zwischen beiden Bauten befindet sich eine Ausgrabungsstätte, die den Unterbau einer römischen Villa zutage gebracht hat. Weiter naheabwärts kann man einen Schlenker nach **Schloßböckelheim** unternehmen und von der Dorfmitte aus zur Burgruine hochsteigen, deren Lage hoch über dem Nahetal beeindruckt (Abb. 231). Reste der Ringmauer und der Türme sind erhalten, darunter die Schale eines Rundturms. Von dem Ausmaß der früheren Anlage geben Kupferstiche des mittleren 17. Jahrhunderts ein Bild (Caspar Merian). Bekannt wurde die Burg als Gefängnis Kaiser Heinrichs IV. im Jahr 1105. Von Schloßböckelheim geht es talwärts an die Nahe zurück, vorbei an dem Niederthälerhof und hinauf durch die Weinberge zum Weingut Hermannsberg, einer früheren Domäne, von der man über eine schmale Straße wieder ins Nahetal gelangt.

Nimmt man von Staudernheim die südliche Route längs der Nahe, so wendet man sich zunächst **Odernheim** zu und folgt der „Naheweinstraße". In ihrem höheren Verlauf finden sich mehrere Aussichtspunkte mit weiter Sicht in die Tallandschaft mit ihren Weinbergen. Man entfernt sich anschließend etwas von der Nahe, durchfährt das Dorf **Duchroth**, das mit einem kleinen, massiv ausgeführten Rathaus (Naheweinstr. 33; Abb. 232) aus dem späten 16. Jahrhundert aufwartet, gelangt nach **Oberhausen** und hat auf dem Weg ins Nahetal weiter flussabwärts einen herrlichen Blick in die Schloßböckelheimer Weinbergslagen mit dem Weingut Hermannsberg, der genannten früheren Weinbaudomäne (Abb. 26). Die dortige Luitpoldbrücke erinnert an die frühere königlich bayerische Zeit dieser Region (Abb. 16–17). Bevor man die Brücke überquert, empfiehlt sich ein Abstecher nach Süden in Richtung Hallgarten. Auf halber Strecke, die am zirka 420 m hohen Lemberg vorbeiführt, erreicht man nach zirka 5 km die einsam gelegene **Burgruine Montfort** (Abb. 233). Die um 1240 von den Grafen von Veldenz erbaute Anlage ist seit dem 14. Jahrhundert als Ganerbenburg der Herren von Montfort bekannt. Im Jahr 1456 wurde sie durch Kurfürst Friedrich I. von der Pfalz und Erzbischof Diether von Mainz zerstört. Der neue Besitzer, das Hunsrücker Geschlecht der Boos von Waldeck, bemüh-

*Abb. 232) Duchroth, Rathaus*

*Abb. 233) Burgruine Montfort zwischen Oberhausen an der Nahe und Hallgarten*

te sich um einen Wiederaufbau, der aber nur anhand eines Wohnturms nachzuweisen ist. Erkennbar ist die Situation der einzelnen Wohnhäuser dieser einst gemeinschaftlich von den Ganerben organisierten Burg. Als Besonderheit ist auf die Zisterne hinzuweisen, in der Regenwasser gesammelt und durch einen Kiesfilter gereinigt wurde. Die „Burgfreunde Montfort e.V.", die sich um die Pflege der Anlage kümmern, haben ein kleines Burgmuseum eingerichtet. Fährt man von der Burg aus weiter über Hallgarten nach Feilbingert, so kann man zum Besucherbergwerk Schmittenstollen gelangen, das sich zu Fuß aber auch von Niederhausen aus (siehe dort) oder mit dem Wagen über Bad Münster am Stein-Ebernburg erreichen lässt. An die Nahe und zur Luitpoldbrücke zurückgekehrt, bleibt man auf der nördlichen Seite des Flusses, fährt an der sogenannten Hermannshöhle vorbei und hält sich parallel zur Bahnstrecke. An einem tunnelartigen Durchlass vereinigt sich diese Strecke mit der anderen von Staudernheim ausgehenden, die ausschließlich auf der nördlichen Flussseite verläuft.

Nächstes Ziel ist **Niederhausen**, dessen evangelische Kirche, das heißt deren Turm, ein gutes Beispiel eines mittelalterlichen Wehrbaues ist (Abb. 43 und 53). Die romanischen und spätgotischen Wandmalereien im Inneren verdienen besondere Anerkennung (vgl. S. 73–74; Abb. 25 und 109–110). Von Niederhausen lässt sich eine kurze Wanderung zum erwähnten **Besucherbergwerk Schmittenstollen** unternehmen. Es handelt sich um ein ehemaliges Quecksilberbergwerk, in dem möglicherweise schon in der Römerzeit nach Cinnabarit Zinnober geschürft wurde. Die erste schriftliche Erwähnung stammt von 1438. Der Betrieb verlief in mehren Zeitabschnitten bis in die 1930er Jahre.

Im Stadtteil Ebernburg von **Bad Münster am Stein** trifft man wieder auf eine Wehrkirche (Abb. 52). Hier gilt das Interesse vor allem der wild- und rheingräflichen **Burg Rheingrafenstein**, deren Ruine in schwindelerregender Höhe über der Nahe allerdings nur mehr eine blasse Vorstellung der einstigen Anlage vermittelt. Sie verteilte sich auf zwei voneinander getrennte Felsen. Auf dem einen befand sich der tiefer gelegene, heute unzugängliche und nur mit geringen Mauerresten erhaltene „Affenstein"; auf dem höher gelegenen war die öffentlich zugängliche, einst in eine Ober- und Unterburg unterteilte und von einer Stützmauer teilweise umfasste Hauptburg. Man kann sie vom Walddistrikt „Spreitel" und der Vorburg aus über eine Brücke erreichen, die den Halsgraben überspannt. An der Nordwestecke dieser Ruine befindet sich der Zisternenturm mit seinem Brunnen und der zu ihm führenden Wasserrinne mit Einlassstein (Abb. 234). Stehen geblieben ist außerdem die Hälfte eines Treppenturms, der die Verbindung zum Wohnturm auf der obersten Plattform gewährleistete. Ein großes Wohnhaus, von dem Kellerreste erhalten sind, stand auf der ersten Ebene. Zerstört wurde die Anlage 1689 durch französische Truppen.

Gegenüber dem Rheingrafenstein steht auf der südlichen Nahe- und der westlichen Alsenzseite die **Ebernburg**, Stammsitz der pfälzischen Linie des Sickinger-Geschlechts. Die Burg wurde ab 1680 während einer französischen Besetzungszeit festungsartig ausgebaut und schon kurze Zeit danach als Auflage des Friedens von Rijswijk geschleift. Dies war eine Forderung Frankreichs. Die heutige Anlage, „Evangelische Familienferien- und Bildungsstätte Ebernburg", die weitgehend den Rekonstruktionszustand des 20. Jahrhun-

*Abb. 234) Burgruine Rheingrafenstein zwischen Bad Münster am Stein-Ebernburg und Bad Kreuznach, Ansicht des Zisternenturms an der Nordwestecke*

*Abb. 235) Ebernburg über Bad Münster am Stein*

derts wiedergibt, vermittelt aufgrund ihrer Batterietürme immerhin noch einen festungsartigen Charakter (Abb. 235). Auf halber Höhe des Burgbergs befindet sich ein historistisches Denkmal, das die Verbindung Franz von Sickingens mit Ulrich von Hutten glorifiziert. Der in Bad Kreuznach arbeitende Bildhauer Carl Cauer hat es entworfen, und seine Söhne Robert d. J. und Ludwig haben es 1889 ausgeführt. Diese Künstlerfamilie hat vor allem das bildhauerische Geschehen in Deutschland des 19. und frühen 20. Jahrhunderts entscheidend mitgeprägt (vgl. dazu das Museum „Cauer Haus" in Bad Kreuznach, Rheingrafenstr. 1).

Bad Münster entwickelte sich im 19. Jahrhundert zu einem vielbesuchten Kurort. Baulicher Ausdruck dieser Zeit ist das Kurviertel in der Nachbarschaft der Saline. Die Fachwerk-Baugruppe des Bäder- und Kurmittelhauses – 1911 entworfen von dem Freiburger Architekten Robert Muelbach – greift Ideen der Heimatschutzarchitektur auf und verbindet sie mit Formen des Jugendstils (Abb. 29). Traditionelles Fachwerk hat offenbar auch den japanischen Architekten Tadao Ando bei dem Bau des **Steinskulpturenmuseums** inspiriert, welches das Künstlerehepaar Anna Kubach-Wilmsen und Wolf- gang Kubach oberhalb von Ebernburg 2010 geschaffen und der Öffentlichkeit zugänglich gemacht hat (Abb. 207–208 und 236).

Bad Münster am Stein-Ebernburg und **Bad Kreuznach** sind durch das Salinental miteinander verbunden. Das Landschaftsbild wird von den langen Reihen der Gradierwerke bestimmt, deren Namen Karlshalle und Theodorshalle auf Pfälzer Kurfürsten als Förderer hinweisen (Abb. 5). Hält man sich längs der Nahe, so wird man von Bad Kreuznachs Kurviertel mit dem Kurpark empfangen. Zentrum sind das ehemalige Kurhaus (heute ‚Parkhotel Kurhaus') von 1913, die Therme und die benachbarten Häuser mit den verschiedenen Therapieeinrichtungen (vgl. S. 27; Abb. 28). Dieses vor allem in der zweiten Hälfte des 19. und der ersten Hälfte des 20. Jahrhunderts ausgebaute Viertel besitzt ne-

Abb. 236) Bad Münster am Stein-Ebernburg, Steinskulpturenmuseum Fondation Kubach-Wilmsen

ben einer Reihe spätklassizistisch und historistisch geprägter Villen auch beachtenswerte Beispiele jüngerer Bauauffassungen, etwa der Heimatschutzarchitektur und des Expressionismus. Über die Kurhausstraße wird man an der Nahe vorbei in die Altstadt geleitet und trifft auf dem „Wörth“ auf die evangelische Pauluskirche (Abb. 83). Von ihrem spätmittelalterlichen Bau ist der Chor erhalten, während das Langhaus und der Turm nach einer Zerstörung von 1689 in barocken Formen neu errichtet wurden. Die Pauluskirche bezeichnet siedlungsgeschichtlich eine Nahtstelle, denn sie steht zwischen den Vierteln der Alt- und Neustadt. Dabei handelt es sich um ein lokales Kuriosum. Unter „Neustadt“ ist nämlich der unter der Kauzenburg gelegene Stadtbereich zu verstehen, der mit dem Gebiet des Burgfriedes gleichzusetzen ist. Mit der „Altstadt“ ist das rechts der Nahe gelegene Viertel um und über den Kornmarkt hinaus gemeint. Über die Gründe für diese Umkehrung der Verhältnisse, die man heute mit der offiziellen Bezeichnung „Kreuznacher Altstadt – Historischer Stadtkern“ zu umgehen versucht, wird noch gerätselt. Die städtische Doppelstruktur bestand schon seit der Gründung um 1200, und beide Seiten unterscheiden sich bauhistorisch nicht voneinander. Ihre Klammer ist die Nahebrücke mit den bekannten, auf den Brückenpfeilern stehenden Häusern (S. 6 und Abb. 159). Die Silhouette dieser Stadtzone bildet die **Kauzenburg**, die allerdings aufgrund ihrer Überformung durch den Architekten Gottfried Böhm Anfang der 1970er Jahre ein neues Gewand erhalten hat (Abb. 136). Die Gassenführung innerhalb der „Neustadt“ ist in dem überlieferten, auf das Mittelalter zurückgehenden Raster begründet. Die Häuser – ehemalige Adelshöfe und bürgerliche Bauten – gehen in ihrer äußeren Erscheinung – gleichgültig ob massiv oder in Fachwerk ausgeführt – nicht über das späte 16. Jahrhundert hinaus (Abb. 154 und 238–239; siehe auch das sog. „Fausthaus“, Magister-Faust-Gasse 47). Mittelpunkt ist die katholische Nikolauskirche, die ursprünglich zu einem Karmeliterkloster gehörte (vgl. S. 56–58;

*Abb. 237) Bad Kreuznach, Stadtplan*

Abb. 13 und 81–82). Der Turm ist eine neuzeitliche Zutat. Bettelsordenskirchen begnügten sich mit einem Dachreiter. Restaurierungen und damit einhergehende Umbauten des späten 19. Jahrhunderts haben dem Bau eine neogotische Gestalt gegeben. Gleiches gilt für die innere Ausstattung, deren ebenfalls neogotische Altäre indes von beachtlicher künstlerischer Qualität sind (Abb. 201). Vor der Kirche liegt der Eiermarkt, auf dem ein Denkmal steht, das die Erinnerung an den sagen- und heldenhaften Metzger Michel Mort wachhält, der einem Sponheimer Grafen in einer Schlacht bei Sprendlingen (1279) das Leben gerettet haben soll und diese Tat mit seinem eigenen Tod bezahlte. Die Figurengruppe des tapferen Recken und des dahinsinkenden Grafen hat der Bildhauer Robert Cauer der Jüngere 1902 geschaffen, Spross der bekannten Bad

Kreuznacher Künstlerfamilie. Ein wichtiges spätmittelalterliches Bauzeugnis findet sich auf dem rechten Naheufer, in der „Altstadt“, nämlich die ehemalige Franziskanerkirche St. Wolfgang, von der nur mehr der spätgotische Chor steht (Hospitalgasse 6, Gelände des Gymnasiums an der Stadtmauer; Heimatwissenschaftliche Zentralbibliothek). Im Jahr 1701 erhielt die lutherische Gemeinde eine eigene Kirche, die Wilhelmskirche (Kornmarkt 5), von der nur noch der Turm mit seinem neogotischen Aufbau erhalten ist.

Bad Kreuznach hat bekanntlich römische Wurzeln. Will man sie ergründen, so ist ein Besuch der Museumsanlage im idyllisch gelegenen ehemaligen Gut Bangert angebracht, das auf der linken Naheseite liegt, sozusagen im Rücken der Kauzenburg (Dessauer Str./Hüffelsheimer Straße). Dieses Gelände mit seinem Park gehörte im späten 19. Jahrhundert der Montanindustriellenfamilie Puricelli und ist seit 1985/86 Bad Kreuznachs zentraler Museumsstandort. Das Gebäudeensemble besteht aus dem früheren Herrenhaus, heute **„Schlossparkmuseum“**, und aus einstigen Wirtschaftsbauten, so eine ehemalige, museal umgebaute Scheune, in der die römische Geschichte der Region mit dem Fokus auf der Stadt präsentiert wird. Herzstück dieses Museums **„Römerhalle und römische Villa“** sind zwei Mosaikböden, die bei archäologischen Grabungen in den Resten der benachbarten römischen Villa aus dem späten 3. nachchristlichen Jahrhundert gefunden wurden: das Gladiatorenmosaik und das Oceanusmosaik (vgl. S. 35; Abb. 36).

Von Bad Kreuznach bietet sich ein Schwenk in Richtung Norden an, dem Soonwald zu. Die einfachste Verbindung führt durch das **Gräfenbachtal**. Das Flüsschen mündet zwischen Rüdesheim und Bad Kreuznach in den Ellerbach. Einige Burgruinen säumen die Strecke, etwa die Gutenburg über **Gutenberg** (vgl. S. 25; Abb. 23), die Dalburg bei **Dalberg** oder die Rosenburg über **Argenschwang**, ein Nachbarort von **Spabrücken** mit seiner Wallfahrtskirche (vgl. S. 106; Abb. 160–163). Hauptort dieses Tales ist **Wallhausen**, die kleine frühere Residenz der Kämmerer von Worms genannt von Dalberg (Abb. 184). In Dalberg selbst ist die kapellenartige spätgotische Kirche – bezeichnet 1485 – mit ihren freigelegten Fresken sehenswert (Abb. 111). Durch die Weinberge in Wallhausen erreicht man Windesheim und befindet sich im Guldenbachtal. Es folgt, kurz nach Norden gerichtet, **Waldlaubersheim** mit seinem romanischen Kirchturm (Abb. 46–47). Weiter nach Osten gelangt man nach **Münster-Sarmsheim** (Abb. 45 und 87) und ist wieder im Nahetal.

Die direkte Strecke von Bad Kreuznach nach Bingen folgt in etwa der Nahe. Von besonderem Reiz ist ein zweiter kleiner Umweg, der in die rheinhessische Nachbarschaft führt, und zwar zunächst nach **Frei-Laubersheim**. Der jetzt freistehen-

*Abb. 238) Bad Kreuznach, Ecke Mannheimer Str./Mühlenstr.*

de Turm der katholischen Kirche gehört zur Gruppe der mittelalterlichen Wehrkirchen (13. Jh.). Das Rathaus von 1603 ist eine bemerkenswerte Kombination von Massiv- und Fachwerkbau (Abb. 240). Gut 3,5 km südlich von Frei-Laubersheim liegt Fürfeld, zu dem der östlich des Dorfes gelegene **Hof Iben** gehört. Er hütet eine kleine Kirche aus der Zeit um 1240, die ein Höhepunkt frühgotischer Architektur von überregionaler Bedeutung ist (vgl. S. 56; Abb. 24 und 78–80). Von dort geht es zurück nach Frei-Laubersheim und östlich an Bad Kreuznach vorbei bis **Pfaffen-Schwabenheim**. Ziel ist das frühere Chorherrenstift, dessen barocke Kirche den romanischen Chor des Vorgängerbaues bewahrt hat. Im Inneren sieht man den Rest des ursprünglichen Chorbogens, in den der barocke Hochaltar gerückt ist (vgl. S. 54–55; Abb. 76–77).
Von Pfaffen-Schwabenheim aus kann man sich wieder Bad Kreuznach zuwenden und die Fahrt naheabwärts fortsetzen. In **Bretzenheim** – im ausklingenden Alten Reich ein Kleinst-Territorium kurpfälzer Couleur – befindet sich eine frühklassizistische katholische Kirche aus der Zeit um 1789/90 mit Fürstenloge (Abb. 181–182). Die Kirche in **Münster-Sarmsheim** gehört zum Westturmtyp. Ihr romanischer Turm wurde Anfang des 16. Jahrhunderts erhöht und erhielt eine filigrane Laterne. Möglicherweise hat sie Philipp von Gmünd, der Baumeister der Schlosskirche zu Meisenheim, entworfen (Abb. 87). Am Ortsausgang steht die Ruine von „Trutzbingen" und bezeugt die alte Rivalität zwischen der Kurpfalz und Kurmainz (Abb. 120). Ein Abstecher in westlicher Richtung führt längs der Autobahn (A 61) nach **Burg Layen** (Ortsteil von Rümmelsheim). Von der einstigen Anlage der mainzischen Herren von Bolanden sind

*Abb. 239) Bad Kreuznach, Eiermarkt 10*

*Abb. 240) Frei-Laubersheim, Rathaus*

der romanische Bergfried und Teile der Ringmauer erhalten (Abb. 241). Ein Stückchen weiter, dem Hunsrück zu, liegt **Waldlaubersheim**. Der Turm der dortigen evangelischen Pfarrkirche ist romanisch gegliedert und wird von einem hohen spätgotischen Helm mit Ecktürmchen bekrönt (Abb. 46–47). Zurück geht es ins Tal und Bingen entgegen.

Bei einer Anreise vom Süden erreicht man **Bingen** über die alte Nahebrücke, die als Drususbrücke bekannt ist und damit an den römischen Feldherrn Drusus erinnert, der unter Kaiser Augustus mehrere Feldzüge gegen die Germanen führte (Abb. 6). Die Brücke ist aber nicht römischen, sondern mittelalterlichen Ursprungs. Als Bauzeit wird das mittlere 11. Jahrhundert angenommen. Das Baudenkmal – die älteste mittelalterliche Brücke Deutschlands – hat im Laufe der Zeiten manchen Eingriff und manche Zerstörung erfahren. Der Eisenbahnbau des 19. Jahrhunderts nahm wenig Rücksicht auf die Bausubstanz. Kurz vor dem Ende des Zweiten Weltkrieges sprengte man einige ihrer Bögen, und beim Wiederaufbau in den 1950er Jahren verbreiterte man die Fahrbahn. Erhalten ist die romanische Kapelle, die sich im ersten östlichen Brückenpfeiler befindet. Es han-

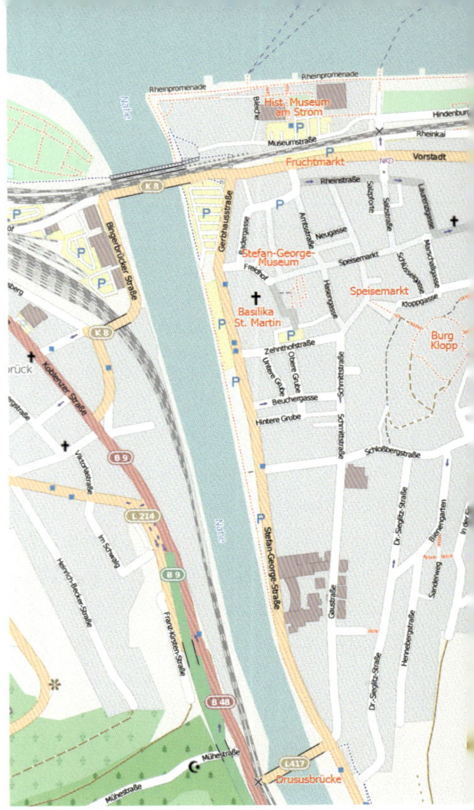

*Abb. 241) Rümmelsheim, Burg Layen*

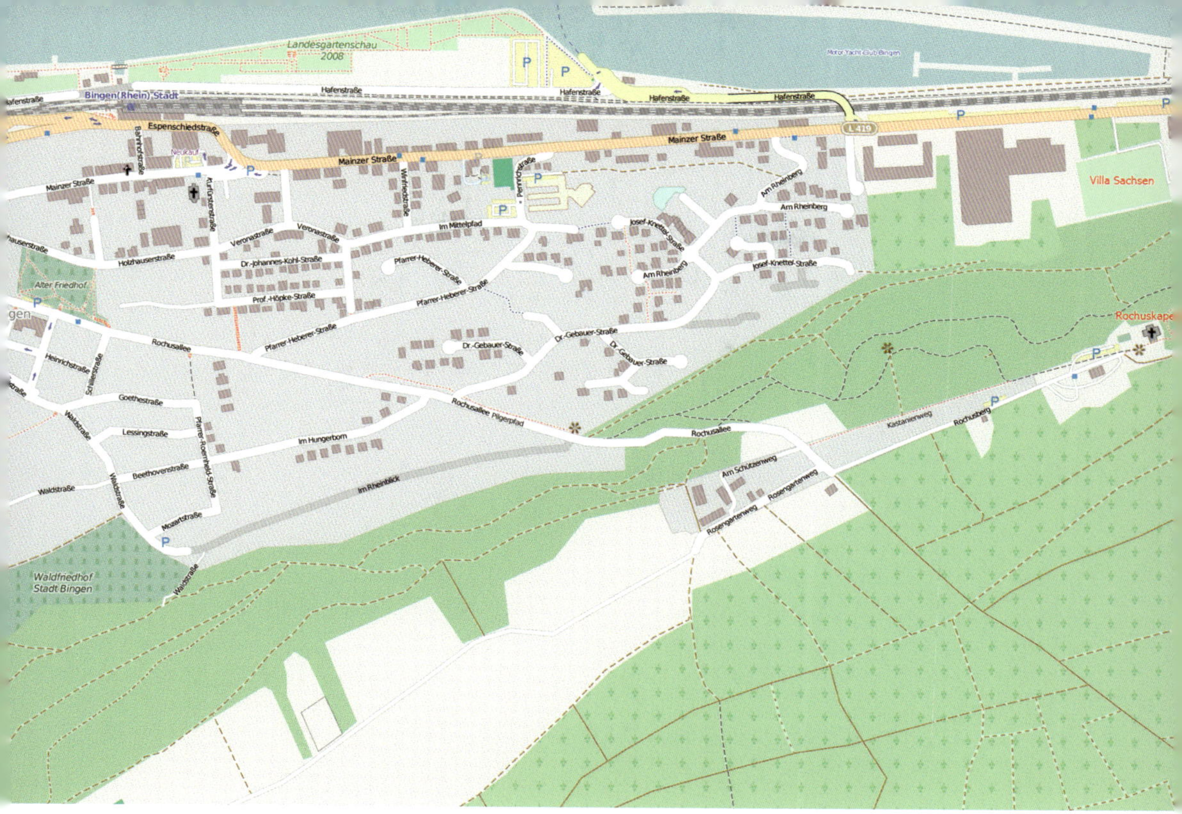



delt sich um einen kleinen Raum mit Kreuzgratgewölbe und Apsis.

Über die Stefan-George-Straße auf dem rechten Naheufer erreicht man die **Basilika St. Martin**, deren hoher südwestlicher Turm schon von weitem sichtbar ist. Augenscheinlich war die Westseite als Doppelturmanlage geplant (Abb. 88–90). Der zweite Turm ist allerdings nur zur Hälfte fertiggestellt worden. Nicht nur diese Seite, sondern die gesamte äußere Gestalt der Kirche wird von gotischer Formgebung bestimmt. Dabei ist zu berücksichtigen, dass die an das Langhaus im Süden angefügten Kapellen Erweiterungen des späten 19. Jahrhunderts sind. Der Grundriss der Basilika ist dreischiffig angelegt. Auch hier bestimmt eine späte Gotik die Architektur. Eine frühere Welt offenbart sich indes, wenn man die Krypta unter den beiden Chorjochen betritt (Abb. 48). Sie gehört zum Gründungsbau des 11. Jahrhunderts und steht in ihrer Gestaltung dem Unterbau des Speyrer Doms nahe. Beeindruckend sind vor allem die Säulen mit ihren attischen Basen und Würfelkapitellen, die abgerundete Konturen aufweisen. Dieser erste Kirchenbau wurde 1403 ein Raub der Flammen. Die heutige Basilika, die Nachfolgerin, entstand unmittelbar danach und konnte 1416 geweiht werden. Zwischen 1502 und 1505 wurde sie um den so-

*Abb. 242) Bingen, Stadtplan*

*Abb. 243) Bingen, Speisemarkt 3*

genannten Barbarabau, der wie eine zweite Kirche wirkt, nach Norden hin erweitert. Entstanden ist eine zweischiffige Halle mit Netzgewölben. Die Basilika besitzt eine reiche Ausstattung. Hervorzuheben sind der Grabstein des Presbyters Aetherius aus dem vierten oder fünften nachchristlichen Jahrhundert (vgl. S. 39; Abb. 41) – ein Zeugnis des frühen Christentums –, eine thronende Muttergottes mit Kind aus der Zeit um 1320 (vgl. S. 79; Abb. 117), die in den Seitenaltären aufgestellten Tonfiguren der hll. Barbara und Katharina aus dem ersten Viertel des 15. Jahrhunderts (vgl. S. 80; Abb. 119), eine Beweinung Christi in der Gedächtniskapelle aus dem ersten Viertel des 15. Jahrhunderts sowie ein im Barbarabau aufgebauter Flügelaltar von 1579 niederländischer Provenienz, der Szenen des Marienlebens darstellt. Der Hochaltar mit seinem Säulenbaldachin und den Skulpturen der Evangelisten ist ein Werk des Mainzer Hofbildhauers Peter Heinrich Hencke von 1768 (Abb. 89). Im Zweiten Weltkrieg (1944) wurde die Basilika erheblich zerstört. Dem Wiederaufbau folgte eine Renovierung zwischen 1981 und 1988.

In der zwischen der Basilika St. Martin und dem Fruchtmarkt gelegenen Altstadt befinden sich etliche Bauten des 18. Jahrhunderts, von denen besonders das mit reichlichen Festons geschmückte Patri-

*Abb. 244) Bingen, Rochuskapelle über dem Rhein*

zierhaus von 1789 am Speisemarkt (Nr. 3) zu erwähnen ist. Auf es trifft die Bezeichnung Rokokoklassizismus zu. Sein Entwurf soll auf den Kurmainzer Baudirektor Jakob Joseph Schneider zurückgehen (Abb. 243). Ein ähnlich gestaltetes Haus, in einer allerdings bescheideneren Ausführung, ist am Freidhof (Nr. 3) anzutreffen. In der Nachbarschaft steht die Hofanlage des „Haferkastens" (Nr. 9), dessen Fachwerkgiebel auf die Zeit um 1700 hindeutet. Das Anwesen beherbergt heute ein **Stefan-George-Museum**. Der Dichter wurde 1868 im Bingener Stadtteil Büdesheim geboren. Überquert man von der Altstadt aus die Straßen Fruchtmarkt oder Vorstadt, so gelangt man an das Rheinufer mit dem 1998 in einem früheren Elektrizitätswerk eröffneten **„Historischen Museum am Strom"**. Eine wichtige Museumsabteilung ist Bingens römischer Vergangenheit gewidmet, die beispielsweise mittels eines besonderen Fundes vergegegenwärtigt wird – anhand eines aus vielen Einzelteilen bestehenden Arztbestecks, das in einem Grab des zweiten nachchristlichen Jahrhunderts gefunden wurde. Vom Museum gelangt man flussaufwärts in das alte Hafengelände, in dem ein funktionstüchtiger Kran aus der Zeit um 1787 erhalten ist (Hafenstr. 3). Wie sich an dem Beispiel der spätklassizistischen Villa Sachsen (Mainzer Str. 184; Abb. 245) erkennen lässt, war das weitere Rheinufer einst eine vornehme Wohnlage. Auf halber Berghöhe über der Stadt befindet sich die von einem Weinberg umgebene **Burg Klopp**. Diese kurmainzische Gründung wurde im Dreißigjährigen Krieg zerstört, danach wiederaufgebaut und anschließend im Pfälzischen Erbfolgekrieg erneut niedergelegt und 1711/12 endgültig gesprengt. In der zweiten Hälfte des 19. Jahrhunderts entstand sie als großbürgerlicher, historistisch geprägter Herrensitz wieder. Der untere Teil des Bergfrieds ist noch mittelalterlich. Seit 1897 ist die Anlage Sitz der Stadtverwaltung. Von der Burg führt eine Straße zum Rochusberg mit der **Rochuskapelle**, die zu Recht als eine besonders herausragende neogotische Schöp- fung gilt (vgl. S. 130–132, Abb. 202–203, 244). Von diesem Standort überblickt man einerseits das rheinhessische Weinbergsland mit der Nahe und andererseits das Rheintal.

*Abb. 245) Bingen, Mainzer Str. 184, Villa Sachsen*

Links der Nahe liegt der Stadtteil Bingerbrück, der einst unter dem Namen **Rupertsberg** ein bedeutender Klosterort war. Hildegard von Bingen, die zunächst dem Konvent des Klosters Disibodenberg bei Staudernheim an der mittleren Nahe angehört hatte, wählte zusammen mit einigen Gefährtinnen zwischen 1147 und 1151 diesen Platz an der unteren Nahe als neue Wirkungsstätte und ließ dort ein neues Kloster errichten. Es überstand den Dreißigjährigen Krieg nicht. In einem Bingerbrücker Geschäftsbau, Am Rupertsberg 16, sind Architekturreste des Klosters erhalten. Weitere Stadtteile Bingens mit bemerkenswerten Baudenkmälern sind **Büdesheim** – die katholische Pfarrkirche mit romanischem Westturm, das Rathaus von 1539 mit zinnengekrönten Ecktürmchen – und **Dietersheim** – die alte katholische Pfarrkirche, deren Kern romanisch ist und die im 15./16. Jahrhundert ausgebaut wurde.

## Den Glan entlang, Städte und Dörfer, Burgen und Kirchen

Der erste größere Ort am oberen Glan ist Glan-Münchweiler. Flussabwärts gelangt man über Matzenbach-**Gimsbach** – sehenswert ist die evangelische Kirche von 1747 (Abb. 188) – nach Theisbergstegen und danach in nordwestlicher Richtung über Haschbach in die Kreisstadt Kusel. Dies ist der traditionelle Mittelpunkt des sogenannten **Remigiuslandes**, das im Mittelalter eng mit Reims und der dortigen Abtei St. Rémy verbunden war (vgl. S. 42–43). In Kusel, dessen älteste Bauten im Bereich des Marktplatzes und der Marktstraße – siehe das Stadt- und Heimatmuseum – nicht über das späte 18. Jahrhundert hinausgehen, erinnert architektonisch nichts mehr an diese frühere Beziehung, wohl aber in der näheren Umgebung, nämlich im erwähnten Haschbach mit dem **Remigiusberg**. Dort bestand ab dem ersten Viertel des 12. Jahrhunderts bis zur Aufhebung durch die Säkularisation im Jahr 1526 ein Kloster, dessen erhaltene Kirche noch romanische Gliederungen besitzt (Abb. 49). Auf dem Nachbarberg steht die **Michelsburg**, deren Herren, die Grafen von Veldenz, die Vogtei über das Remigiusland innehatten (Abb. 246). Von der Burg sind nur einige Mauerreste erhalten, unter anderem von der Schildmauer, vor der noch der Halsgraben erkennbar ist. Auch wenn die Ruine kaum mehr Rückschlüsse auf die ursprüngliche Erscheinung zulässt, so verdeutlicht sie als Gegenüber der Klosterkirche eindrücklich die einstige enge Verbindung der geistlichen mit der weltlichen Macht. Zirka 5 km nordwestlich von Kusel liegt bei dem Ort Thallich-

*Abb. 246) Haschbach, Burgruine Michelsburg*

Abb. 247) Burg Lichtenberg, die Obere Burg mit Bergfried, der Bastion Hufeisenturm, dem äußeren Tor und der Landschreiberei (hinten links)

tenberg die **Burg Lichtenberg**, eine Gründung der Grafen von Veldenz und einer ihrer Hauptsitze (vgl. S. 84–86; Abb. S. 2 und 123–128). Auf dem Burggelände befinden sich auch das Urweltmuseum Geoskop und das sogenannte Musikantenland-Museum, das an die Geschichte der Westpfälzer Wandermusikanten erinnert. Insofern wird ein weites Besichtigungsspektrum geboten.

Von Kusel aus erreicht man den Glan wieder bei **Altenglan** und folgt der B 420 zunächst bis Glanbrücken. Die kleine evangelische Kirche im Ortsteil **Niedereisenbach** besitzt einen romanisch geprägten Chorturm und ein spätgotisches Langhaus (Abb. 50). Als nächster Halt bietet sich **Offenbach-Hundheim** an, das mit der ehemaligen Benediktinerpropsteikirche im Ortsteil Offenbach und der sogenannten Hirsauer Kapelle im rechts des Glans gelegenen Ortsteil Hundheim zwei hochrangige romanische Bauten aufweist (vgl. Abb. 69–75 und 39, 107–108). Außerdem empfiehlt sich ein Besuch der Offenbacher katholischen Kirche, die sich über der Propsteikirche befindet; denn in der Vorhalle dieses neogotischen Baues sind zwei Skulpturen aus der ehemaligen Klosterkirche aufgestellt. Zudem ist die Ausstattung des Saalbaues sehenswert.

In **Lauterecken** wandelt man wieder auf den Spuren der Veldenzer Grafen, deren Burgen und Schlösser allerdings 1676 bis auf geringe Reste zerstört wurden. Es stehen vom „Alten Schloss“ eine Ecke der Ringmauer mit dem sogenannten „Veldenztürmchen“ (Veldenzplatz 1) und vom „Neuen Schloss“ ein Renaissance-Torbogen, der in einen jüngeren Bau des späten 18. Jahrhunderts integriert ist (Schlossgasse 1). Von Lauterecken führt ein kurzer Abstecher auf der B 270 in Richtung Nordwest nach **Grumbach**, das aus den Ortsteilen Grumbach-Schloss und Grumbach-Tal zusammengewachsen ist und von 1578 an bis ans Ende des Alten Reichs Residenzort der eigenen Linie der Rheingrafen von Dhaun-Grumbach war. Die Stelle des 1793 zerstörten Schlosses nimmt die klassizistische evangelische Kirche ein, die zwischen 1838 und 1842 errich-

tet wurde (Abb. 248). Als Bauten aus gräflicher Zeit sind vor allem das ehemalige Archiv (Auf dem Schloss 8) und das sogenannte Hofratsgebäude (Oberstr. 31) – beide aus dem 18. Jahrhundert, im Kern wohl älter – zu erwähnen.
Die weitere Strecke in Richtung Meisenheim lädt zu Unterbrechungen in **Medard** – evangelische Kirche mit romanischem Westturm – und in **Odenbach** ein. Auch hier bestand eine Burg, und zwar eine Wasserburg der Grafen von Veldenz. Von ihr steht nur eine aus Buckelquadern gefügte Mauerkante des Bergfrieds (Weiherturm). In der Ortsmitte befindet sich das Rathaus, das im Kern aus dem 16. Jahrhundert stammt. Eine Besonderheit ist die frühere Synagoge (Kirchhofstr. 16), die zwar 1938 auch geschändet, aber nicht in Brand gesteckt oder abgerissen wurde (Abb. 249–250). Dank dem Engagement des „Fördervereins zur Erhaltung der Synagoge in Odenbach e.V.", der das Gebäude im Jahr 1989 erworben hat, konnten zwischen 1990 und 1995 eine Bauuntersuchung und eine denkmalgerechte Restaurierung durchgeführt werden. Dabei stellte sich heraus, dass die 1752 in gemischter Bauweise ausgeführte Synagoge einen großen Teil ihrer originalen Ausmalung bewahrt hat, die überstrichen war und sich freilegen ließ. Es handelt sich um zwei Arten der Farbgebung, einmal um eine Ranken- und Blütenmalerei barocker Formgebung und zum anderen um Jugendstilmuster in einer Schablonenmanier. Für die besonders interessante erste Fassung existieren Parallelen in süddeutschen Synagogen, die

*Abb. 248) Grumbach, Ortskern mit der evangelischen Pfarrkirche, dem ehem. rheingräflichen Archiv (links, Haus mit Mansarddach) und dem sog. Hofratsgebäude (vorne, Haus mit Dachreiter)*

von dem polnischstämmigen Künstler Eliezer Sussmann ausgemalt wurden. Es ist aber nicht erwiesen, ob er selber oder ob einer seiner Mitarbeiter oder Schüler in Odenbach tätig war. Wie in den anderen Orten mit einer einst jüdischen Gemeinde besteht auch in Odenbach ein solcher Friedhof. Diese außerhalb der Dörfer angelegten Grabstätten gehen in der Regel auf das mittlere 19. Jahrhundert zurück. Alleine in Rheinland-Pfalz sind 330 solcher Friedhöfe bekannt. Einen Eindruck eines solchen Ortes der Ruhe vermittelt eine Aufnahme von Becherbach (Abb. 251).

Architektonisch identifiziert man **Meisenheim** mit der Schlosskirche (vgl. S. 64–68, 94, 109–110; Abb. 91–96, 165–167 und Umschlagrückseite). Insofern liegt es auf der Hand, mit ihr einen Stadtrundgang zu beginnen. Im Hinblick auf die Umgebung der Kirche, die wie ein monumentaler Solitärbau erscheint, ist zu bedenken, dass sie früher in einen Schlossbering eingebunden war, von dem der Magdalenenbau (Herzog-Wolfgang-Haus) mit einem jüngeren, von Georg Moller entworfenen Trakt erhalten ist. An der Chorseite der Schlosskirche führt eine Treppe hinunter in die Altstadt, hin zur früheren Johanniterordenskomturei, bekannt als „Gelbes Haus" (Amtsgasse 12), und in die Untergasse (Abb. 148). Die Fassade des Hauses Nr. 1 präsentiert sich barock, die

*Abb. 249) Odenbach, ehemalige Synagoge, Kirchhofstr. 16*

*Abb. 250) Odenbach, ehemalige Synagoge, Malerei*

Abb. 251) Becherbach bei Kirn, jüdischer Friedhof

Abb. 253) Meisenheim, Am Klenkertor

Abb. 254) Meisenheim, Obergasse 19

Abb. 255) Meisenheim, Obergasse 3, ehemaliger Kellenbacher Hof

Rückseite mit gotischen Fenstern noch spätmittelalterlich. Auf der linken Seite der Untergasse zeigt sich das alte Rathaus (Nr. 23), das reich dekorierte barocke Türen besitzt und sich mit einem kunstvollen Treppenhaus mit Wendelstein auszeichnet (vgl. S. 97–98; Abb. 141–143). Es folgt der Marktplatz mit der früheren Markthalle. Im weiteren Verlauf der Untergasse sieht man auf der rechten Seite eine prächtige Fachwerkfassade von 1590/91, die zu einem Haus mit einem hohen Treppenturm – im Hof – gehört (Abb. 157–158). Es folgt auf derselben Seite als eines der früheren Stadttore das Untertor. Will man dem weiteren Verlauf der Stadtmauer folgen, so sollte man zum Nordturm der Stadtbefestigung, dem Bürgerturm, gehen, der „An der Bleiche" steht. Innerhalb des Stadtberings folgt der Rapportierplatz, der in die Straße Am Klenkertor über-

*Abb. 252) Meisenheim, Stadtplan*

Abb. 256) Odernheim, Staudernheimer Str. 2

Abb. 257) Odernheim, Weinbergshäuschen des Weingutes Klostermühle

geht. Auf der linken Seite liegt die katholische Kirche, die ehemalige Franziskanerklosterkirche aus dem späten 17. Jahrhundert (Abb. 170), und beidseitig säumen Fachwerkhäuser des 17./18. Jahrhunderts den Weg (Abb. 253). Am Klenkertor gabelt sich die Straße. Rechts, stadtauswärts, kommt man zur früheren Synagoge (Saarstr. 3; heute „Haus der Begegnung"), deren Seiten ursprünglich von Ecktürmchen bekrönt wurden, und links befindet sich in der Obergasse der frühere Boos von Waldecker Hof – eine stattliche Anlage des 16. Jahrhunderts. Die Obergasse bietet ein abwechslungsreiches architektonisches Bild von Massiv- und Fachwerkbauten – darunter ehemalige adelige Hofhäuser (Abb. 254). Ein kleines Haus (Obergasse 31) zeigt im Obergeschoss gotische Fenster (Abb. 149–150). Schräg gegenüber steht die ehemalige lutherische Christianskirche aus der zweiten Hälfte des 18. Jahrhunderts. Im höheren Bereich der Obergasse folgen der einstige Fürstenwärther Hof (Nr. 8), der Kellenbacher Hof (Nr. 3; Abb. 255), der Steinkallenfelser Hof (Nr. 5) und die sogenannte Ritterherberge (Nr. 4) – alle aus dem 16. Jahrhundert. Die Obergasse wird von der Amtsgasse aufgenommen, und man sieht sich der Nordseite der Schlosskirche gegenüber – ein großartiger Anblick. Hält man sich links, bergabwärts, so steht man vor dem großen Areal des früheren Hunolsteiner Hofs (Amtsgasse 13). Zur anderen Seite, nach rechts und bergaufwärts gerichtet, kommt man zu einem repräsentativen Bau, den Ende des 18. Jahrhunderts der pfälzisch-zweibrückische Landbaudirektor Hellermann entworfen hat (Amtsgasse 1; Abb. 180). Weiter stadtauswärts, der Straße Obertor folgend, sind einige historistische Villen mit dezentem Jugendstildekor zu entdecken. Es ist der Bereich der früheren Brauerei Bonnet.

Der nächste Stopp nach Meisenheim ist **Rehborn**, dessen Kirche aufgrund ihres Turms mit Zinnenkranz einen besonders wehrhaften Eindruck macht (Abb. 55). Nach einer kurzen Fahrt rechts des Glans befindet man sich in **Odernheim**. Gleich hinter dem Dorftor mit Stadttorcharakter liegt als eine Art Schlösschen ein ehemaliger Nebensitz der Herzöge von Pfalz-Zweibrücken (Gigertsgasse 1). Man gelangt über die Hauptstraße zur Glanbrücke und sieht unmittelbar danach eine Villa mit üppigem, barock geprägtem Jugendstildekor (Staudernheimer Str. 2; Abb. 256). Im Norden liegt der Disibodenberg, mit den Weinbergsterrassen und einem Weinbergshäuschen des Weingutes Klostermühle (Abb. 257). Kurz hinter Odernheim mündet der Glan in die Nahe, und die beiden Exkursionsrouten längs der Nahe und längs dem Glan vereinigen sich.

## Querverbindungen und der Blick nach Norden und Süden

Nahe und Glan sind die Hauptachsen der Region. Der Nord-Süd-Verkehr rollt vor allem über die Autobahnen im Westen und Osten, die A 62 und A 61. Will man die Gegend zwischen den beiden Flüssen erkunden, bietet sich im Westen die Bundesstraße B 270 als wichtigste Querverbindung an, die nordöstlich von Idar-Oberstein, auf der Höhe von Fischbach, von der B 41 abzweigt. Auf der Strecke liegen Sien (Abb. 172 und 175) und Grumbach (Abb. 248) – Orte, die auf das engste mit der Rhein- und Wildgrafschaft verbunden sind. Die anderen vielleicht noch beschaulicheren Nord-Süd-Routen warten ebenfalls mit besonderen Kulturerlebnissen auf. Zu nennen sind Becherbach mit seiner klassizistischen evangelischen Kirche und seinem jüdischen Friedhof (Abb. 186–187 und 251), Schweinschied mit seinem Römerdenkmal (Abb. 37), Jeckenbach mit seiner Kirche, deren Westturm romanisch ist, während der Saalbau von 1767 stammt, und schließlich Löllbach, dessen Kirche einen Wehrturm und einen spätgotischen Chor besitzt (Abb. 54). Darüber hinaus bieten sich zahlreiche Möglichkeiten an, das Reiseprogramm über den engen Rahmen dieser Region hinaus zu erweitern, beispielsweise nach Norden in Richtung Mosel. Von Idar-Oberstein ist es nur eine kurze Strecke bis Herrstein (zirka 13 km), einem der Hauptorte der Hinteren Grafschaft Sponheim (Abb. 258). Die evangelische Pfarrkirche ist weitgehend spätgotisch geprägt, von der Burg – einem Kastelltyp – sind drei der vier Türme erhalten, einen Eindruck der früheren Ortsbefestigung vermittelt der Uhrturm von 1449, und die Fachwerkhäuser reichen bis in das 15./16. Jahrhundert zurück (Uhrturmgasse 9 von 1478 und Nr. 3 von 1575, Schlossweg 13, ehem. Zehntscheune bezeichnet 1526). Selbstverständlich ist es auch reizvoll, die Reise über Meisenheim hinaus fortzusetzen – in jene Region, die volkstümlich die „Alte Welt“ genannt wird. Der Ursprung des Begriffs, der sich auf Gebiete des Nordpfälzer Berglands bezieht, ist nicht ganz klar. Eine Deutung geht von der Verkehrsabgeschiedenheit solcher Gegenden aus, die im 19. Jahrhundert nicht an das Eisenbahnnetz angeschlossen wurden.

*Abb. 258) Herrstein, Uhrturm und Uhrturmsgasse*

# Literatur


**Ansichten vom Nahethal**: [11 Stahlstiche verschiedener Künstler,] Bonn o. J. [ca. 1850].

**Ausstellungskatalog**: Kunst um 1400 am Mittelrhein. Ein Teil der Wirklichkeit. Ausstellung im Liebieghaus Museum alter Plastik, Frankfurt a. M. 1975.

**Bachmann**, Johann Henrich, Pfalz Zweibrückisches Staats=Recht entworfen von Johann Henrich Bachmann, Tübingen 1784.

**Bamberger**, Fritz, Album von Kreuznach/in Stahlstichen nach Orig.-Zeichnungen von Bamberger, Frankfurt a. M. 1849.

**Beck**, Nordwin, Fußflächen im unteren Nahegebiet als Glieder der quartären Reliefentwicklung im nördlichen Rheinhessen. In: Mainz und der Rhein-Main-Naheraum. Festschrift zum 41. Geographentag in Mainz 1977, S. 261–266.

**Beck**, Nordwin, Reliefentwicklung im nördlichen Rheinhessen unter besonderer Berücksichtigung der periglazialen Glacis- und Pedimentbildung (Forschungen zur Deutschen Landeskunde, 237), Trier 1994.

**Bickel**, Wolfgang, Templerkapelle Iben. Baukunst und Spiritualität im Orden der Armen Ritter Christi, Worms 2009.

**Bonkhoff**, Bernhard H., Philipp Heinrich Hellermann. Landbaudirektor im Herzogtum Zweibrücken. In: Der Turmhahn. Blätter vom künstlerischen Schaffen und Bauen in der Pfälzischen Landeskirche, 30. Jg./1986, Heft 1/2.

**Braun**, Hermann Josef, Das Eisenhüttenwesen des Hunsrücks. 15. bis Ende 18. Jahrhundert (= Trierer Historische Forschungen, 17), Trier 1991.

**Caspary**, Hans/**Götz**, Wolfgang/**Klinge**, Ekkart (Bearb.), Rheinland-Pfalz, Saarland (Georg Dehio, Handbuch der Deutschen Kunstdenkmäler), 2. Aufl., München 1984.

**Conrad**, Joachim/**Flesch**, Stefan (Hrsg.), Burgen und Schlösser an der Saar, 3. Aufl., Saarbrücken 1993.

**Cüppers**, Heinz (Hrsg.), Die Römer in Rheinland-Pfalz, Stuttgart 1990.

**Die Baudenkmale** in der Pfalz/gesammelt u. hrsg. von d. Pfälzischen Kreisgesellschaft des Bayerischen Architecten- und Ingenieurs-Vereins, 5 Bände, Ludwigshafen 1884–1897.

**Davidovicz**, David, Wandmalereien in alten Synagogen, Hameln/Hannover 1969.

**Dotzauer**, Winfried, Die Vordere Grafschaft Sponheim als pfälzisch-badisches Kondominium 1437–1707/08. Die Entw. zum kurpfälz. Oberamt Kreuznach unter bes. Berücksichtigung d. bad. Kondominatsfaktors, Bad Kreuznach 1963.

**Dotzauer**, Winfried, Die Geschichte des Nahe-Hunsrück-Raumes von den Anfängen bis zur Französischen Revolution, Stuttgart 2001.

**Emig,** Joachim, Friedrich III. von Salm-Kyrburg (1745–1794). Ein deutscher Reichsfürst im Spannungsfeld von Ancien Régime und Revolution (Europ. Hochschulschriften, Reihe III, Geschichte und ihre Hilfswissenschaften, 750), Frankfurt a. M./Berlin/Bern etc. 1997.

**Engelmann** (Hrsg./Verleger), Bingen, Creuznach, das Nahetal und der Donnersberg: dargestellt in sechs malerischen Ansichten; mit einem kurzen Texte/nach der Natur gezeichnet und radirt von Roux, Heidelberg o. J. [ca. 1826].

**Fabricius**, Wilhelm, Die Herrschaften des unteren Nahegebietes: der Nahegau und seine Umgebung (Erläuterungen zum Geschichtlichen Atlas der Rheinprovinz, 6), Bonn 1914.

**Feld**, Rudolf, Das Städtewesen des Hunsrück-Nahe-Raumes im Spätmittelalter und in der Frühneuzeit. Untersuchungen zu einer Städtelandschaft, Trier 1972.

**Fischer**, Friedrich Wilhelm, Die spätgotische Kirchenbaukunst am Mittelrhein 1410–1520 an charakteristischen Beispielen dargestellt, nach Schulen geordnet und mit historisch-topographischen Darlegungen verknüpft, Heidelberg 1962.

**Freckmann**, Klaus, Über die Architektur im Landkreis Bad Kreuznach in der ersten Hälfte des 20. Jahrhunderts (Heimatkundliche Schriftenreihe des Landkreises Bad Kreuznach, 35), Bad Kreuznach 2006.

**Freckmann**, Klaus/**Frieß-Reimann**, Hildegard/**Vogt**, Werner (Hrsg.), Sobernheim, eine volkskundlich-historische Studie (Heimatkundliche Schriftenreihe des Landkreises Bad Kreuznach, 9), Bad Kreuznach 1980.

**Freckmann**, Klaus/**Schmidt**, Burghart (Hrsg.), Häuser und ihre Geschichte im Hunsrück-Nahe-Raum (Schriftenreihe zur Dendrochronologie und Bauforschung, 4), Marburg 2004.

**Frith**, Francis, Das Nahethal, o. O./o. J. [ca. 1870].

**Führer** zu vor- und frühgeschichtlichen Denkmälern, Band 34: Westlicher Hunsrück, Bernkastel-Kues, Idar-Oberstein, Birkenfeld, Saarburg (Hrsg.: Römisch-Germanisches Zentralmuseum Mainz), Mainz 1977.

**Geib**, Karl, Mein Nahetal. Ein Heimatbuch, Koblenz 1927.

**Glatz**, Joachim, Mittelalterliche Wandmalerei in der Pfalz und in Rheinhessen (Quellen und Abhandlungen zur mittelalterlichen Kirchengeschichte, 38), Mainz 1981.

**Glatz**, Joachim/**Suhr**, Norbert (Hrsg.), Kunst und Kultur am Mittelrhein. Festschrift für Fritz Arens zum 70. Geburtstag, Worms 1982.

**Glück-Christmann**, Charlotte (Hrsg.) unter Mitarbeit von Th. Wiercinski, u. B. Becker, Die Wiege der Könige – 600 Jahre Herzogtum Pfalz-Zweibrücken: Landesausstellung im Stadtmuseum Zweibrücken, Zweibrücken 2010.

**Groht**, Johannes u. a., Menhire in Deutschland, Halle 2013.

**Haffner**, Alfred, Die keltischen Fürstengräber des Mittelrheingebietes. In: Hundert Meisterwerke keltischer Kunst. Schmuck und Kunsthandwerk zwischen Rhein und Mosel (Schriftenreihe des Rheinischen Landesmuseums Trier, 7), Trier 1992/93, S. 31–84.

**Heinz**, Stefan/**Schmid**, Wolfgang, Grab und Dynastie. Zu Bildhauerei der Renaissance in geistlichen und weltlichen Residenzen an Mittelrhein, Saar und Mosel. In: Wallraf-Richartz-Jahrbuch, 63/2002, S. 159–196.

**Hornung**, Sabine, Luxus auf dem Lande. Die römische Palastvilla von Bad Kreuznach (Museen im Rittergut Bangert – Römerhalle; Hrsg.: A. Nestler-Zapp), Bad Kreuznach 2008.

**Keddigkeit**, Jürgen u. a.: Pfälzisches Burgenlexikon (Beiträge zur pfälzischen Geschichte), 4 Bände, Kaiserslautern 1999–2007.

**Kneib**, Gottfried, Hof und Kapelle des Klosters Disibodenberg in Bad Sobernheim, Bad Sobernheim 2011.

**Koch**, Karl-Heinz/**Schindler**, Reinhard, Vor- und frühgeschichtliche Burgwälle des Regierungsbezirkes Trier und des Kreises Birkenfeld (Trierer Grabungen und Forschungen, XII, 2), Trier/Mainz 1994.

**Krienke**, Dieter, Kreis Mainz-Bingen. Städte Bingen und Ingelheim, Gemeinde Budenheim, Verbandsgemeinde Gau-Algesheim, Heidesheim, Rhein-Nahe und Sprendlingen-Gensingen (Kulturdenkmäler in Rheinland-Pfalz, 18.1), Worms 2007.

**Kunst und Kultur im Birkenfelder Land**. Geschichtliche Zeugnisse im Ländlichen Raum (Hrsg. Kreissparkasse Birkenfeld/Birkenfelder Landesbank), Birkenfeld 1982.

**Lohmeyer**, Karl, Johannes Seiz. Kurtrierischer Hofarchitekt, Ingenieur sowie Obristwachtmeister und Kommandeur der Artillerie, 1717–1779. Die Bautätigkeit eines rheinischen Kurstaates in der Barockzeit (Heidelberger Kunstgeschichtliche Abhandlungen, 1), Heidelberg 1914.

**Lurz**, Meinhold, Meisenheim – Architektur und Stadtentwicklung, Horb 1987.

**Meddersheim** ein Weindorf an der Nahe. 50 Jahre Winzergenossenschaft »Rheingrafenberg« Meddersheim e.G. (Schriftenreihe des Freilichtmuseums Sobernheim, 5), Köln 1979.

**Meys**, Oliver, Memoria und Bekenntnis: Die Grabdenkmäler evangelischer Landesherren im Heiligen Römischen Reich Deutscher Nation im Zeitalter der Konfessionalisierung. Regensburg 2009.

**Mötsch**, Johannes, Die Grafschaften Sponheim (Geschichtlicher Atlas der Rheinlande, Beiheft V/4), Köln 1992.

**Müller**, Wolfgang, Pfälzische Chorturmkirchen. In: Blätter für pfälzische Kirchengeschichte und religiöse Volkskunde, 34/1967, S. 172–187.

**Nestle**, Karlheinz (siehe Schlosskirche Meisenheim).

**Nikitsch**, Eberhard, J., Bemerkungen zu einigen neu aufgefundenen Grabplatten und Inschriften des Klosters Disibodenberg. In: Landeskundliche Vierteljahrsblätter, Jg. 33/1987, Heft 1, S. 19–32.

**Nikitsch**, Eberhard J., Die Inschriften des Landkreises Bad Kreuznach, Wiesbaden 1993.

**Payne**, Albert Henry, Album der schönsten Ansichten aus dem Nahethal: in Stahlstichen/v. A. H. Payne, Kreuznach o. J. [1852].

**Rauch**, Christian/**Herrmann**, Fritz, Die Kunstdenkmäler des Kreises Bingen (Die Kunstdenkmäler im Volksstaat Hessen, Provinz Rheinhessen, 1.2), Darmstadt 1934.

**Reiniger**, Wolfgang, Landkarten und Ortspläne des Kreises Bad Kreuznach, 1668–1897: Katalog mit einer geschichtlichen Einführung in die Herrschaftsgebiete ab dem 10. Jahrhundert, Bad Kreuznach 1987.

**Reiniger**, Wolfgang, Stadt- und Ortsansichten des Kreises Bad Kreuznach: 1523–1899: Katalog der Holzschnitte, Kupfer-, Stahl- und Holzstiche sowie der Steinzeichnungen, Bad Kreuznach 1990.

**Reisek**, Julius/**Vesper**, Michael, „Das Paradies an der Nahe". Kultur- und Sozialgeschichte 1816–1918, Bad Kreuznach 2012.

**Ruser**, Edith/**Dellwing**, Herbert, Kreis Bad Kreuznach. Stadt Bad Kreuznach (Kulturdenkmäler in Rheinland-Pfalz, 5.1), Düsseldorf 1987.

**Scheuren**, J. C., Das Nahe-Thal. Von dem Ursprunge der Nahe bis zu ihrer Mündung in den Rhein. Nach der Natur aufgenommen von J. C. Scheuren, Köln o. J., [1834].

**Schlickum**, Carl, Das Nahethal: in acht Ansichten/[gez. von C. Schlickum], Bonn o. J. [ca. 1850].

**Schlosskirche Meisenheim**: 1504–2004; bewegende Geschichte und lebendige Gegenwart eines einzigartigen Bauwerks (Hrsg.: Evangelische Kirchengemeinde Meisenheim, Herstellungsleitung Karlheinz Nestle), Meisenheim 2004.

**Schlundt**, Rainer, „Und hat sich das ertz wol erzaiget“. Nordpfälzer Bergbau der Herzöge zu Zweibrücken-Veldenz im 15. und 16. Jahrhundert, Speyer 1982.

**Schmithals Nachfolger** (Hrsg.), Das Nahethal, Kreuznach o. J. [ca. 1880].

**Schmithals**, Nelli, Bad Kreuznach und Umgebung in frühen Photographien, [1] Bad Kreuznach 1985; [2] Bad Kreuznach 1989.

**Schüler-Beigang**, Christian, Kreis Kusel (Kulturdenkmäler in Rheinland-Pfalz, 16), Worms 1999.

**Schworm**, Ernst, Die Hirsauer Kirche. In: Westricher Heimatblätter, 42. Jg./2011 (Sonderveröffentlichung).

**Seyler**, Robert, Burgen und Schlösser im Land an der Saar, 2. Serie, in: Zeitschrift für die Geschichte der Saargegend, Jg. 1956/57, S. 129–156.

**Sobernheimer Gespräche**. Hrsg. von K. Freckmann (Freilichtmuseum Sobernheim). I. Prozesse im Raum. Zur Beziehung zwischen Tal- und Berglandschaft, Köln 1993. II. Das Land an der Nahe – Kultur und Struktur, Köln 1994.

**Souvenirs artistiques** de Creuznach: vallée de la Nahe, province rhénane, Kreuznach o. J. [1861].

**Stanzl**, Günther (Hrsg.), Die Klosterruine Disibodenberg: neue baugeschichtliche und archäologische Untersuchungen, Worms 1992.

**Stein**, Günter, Befestigte Friedhöfe und befestigte Kirchen in der Pfalz. In: Der Turmhahn. Blätter vom künstlerischen Schaffen und Bauen in der Pfälzischen Landeskirche, 29. Jg./1985, Heft 3/4.

**Stribrny**, Wolfgang (Schriftleiter), 1000 Jahre Matthiaskirche zu Sobernheim (Hrsg.: Evangelische Kirchengemeinde Bad Sobernheim), Bad Sobernheim 2002.

**Thon**, Alexander/**Reither**, Hans/**Pohlit**, Peter, „Wie Schwalben Nester an den Felsen geklebt ...“. Burgen in der Nordpfalz, Regensburg 2005.

**Thon**, Alexander/**Ulrich**, Stefan/**Wendt**, Achim, „... wo trotzig ein mächtiger Thurm herabschaut“. Burgen im Hunsrück und an der Nahe, Regensburg 2012.

**Voigtländer** (Hrsg.), Album des Nahethales / C. Wiessner [Illustrator], Kreuznach o. J. [1862].

**Voigtländer**, Karl, Das Nahetal. Von dem Ursprunge der Nahe bis zu ihrer Mündung in den Rhein. 22 Lithographien nach der Natur aufgenommen von Johann Caspar Scheuren. Zusammenstellung der Texte von Karl Voigtländer, Frankfurt a. M. 1976.

**Voigtländer**, Robert (Hrsg.), Das malerische und romantische Nahe-Thal und die Rhein-Nahe-Eisenbahn: Gallerie von Ansichten der schönsten Punkte der Nahegegend mit erläuterndem und beschreibendem Texte, 2. Aufl, Kreuznach 1872.

**Wagener**, Olaf (Hrsg.), Burgen im Hunsrück. Eine Burgenlandschaft im Fluss der Zeiten (Akten der 6. Wissenschaftlichen Tagung in Oberfell an der Mosel), Petersberg 2011.

**Weber-Karge**, Ulrike/**Wenzel**, Maria, Kreis Birkenfeld (Kulturdenkmäler in Rheinland-Pfalz, 11), Worms 1993.

**Wild**, Klaus Eberhard, Johann Thomas Petri. Ein Barockbaumeister des Nahe-Hunsrück-Raumes. In: Mitteilungen des Vereins für Heimatkunde im Landkreis Birkenfeld und der Heimatfreunde Oberstein, 34. Jg./1971, Nr. 1, S. 3–12.

**Zimmermann**, Walter, Die Kunstdenkmäler des Kreises Kreuznach (Die Kunstdenkmäler der Rheinprovinz), Düsseldorf 1935, Nachdruck München/Berlin 1972.

## Abbildungsnachweis

Alle Abbildungen stammen von Klaus Freckmann, außerdem:

Gesundheit- und Tourismus für Bad Kreuznach GmbH: Abb. S. 6.

Bildagentur des Landeshauptarchivs Koblenz: 6, 23, 36, 41, 48, 76, 79, 130, 244.

Landesamt für Vermessung und Geobasisinformation Rheinland-Pfalz, Koblenz: Abb. 7.

Uwe Welz, Kaiserslautern: Titel und Umschlagrückseite, Abb. S. 2/3 und Abb. 4–5, 8–9, 19, 44, 49, 57, 61, 64, 67, 92, 97–99, 118, 121–122, 128, 131–135, 137–138, 166, 188, 200, 206, 214, 216, 219, 226, 233–234, 246, 248

Stadt Idar-Oberstein, Fotonachlass Gustav Presser: Abb. 21.

Dr. Wolfgang Reiniger, Bad Kreuznach: Abb. 31.

Verbandsgemeinde Herrstein: Abb. 33, 258.

Landesmuseum Birkenfeld. Foto: Mike Decker, Birkenfeld: Abb. 34–35, 38.

Generaldirektion Kulturelles Erbe Rheinland-Pfalz (Landesdenkmalpflege), Mainz: Abb. 59.

Stadt Bingen: Abb. 48, 90.

Peter Rudl, Bad Sobernheim: Abb. 102, 144, 176–177, 197, 230.

Jürgen Bergmann, Bad Sobernheim: Abb. 103–104.

Alwin Bertram, Rüdesheim bei Bad Kreuznach: Abb. 106.

Katholische Pfarrei St. Peter und Paul, Münster-Sarmsheim: Abb. 112.

Fotoatelier Hosser, Idar-Oberstein: Abb. 113.

Dr. Michael Imhof, Petersberg: Abb. 119.

Kreisverwaltung Kusel, Archiv: Abb. 124–125.

Service historique de la Défense, Château de Vincennes/France; Sign.: 1 V m 163, pièce № 7: Abb. 129.

Frank Schmidt, Meisenheim (Repromedia Gmbh & Co.Kg): Abb. 180a.

Archiv Florian Regitz, Becherbach bei Kirn: Abb. 186–187, 251.

Uli Holzhausen, Norheim: Abb. 207–208, 236.

Landesamt für Geologie, Rohstoffe und Bergbau Baden-Württemberg im Regierungspräsidium Freiburg (http://www.lgrb.uni-freiburg.de); Az. 2851.3//_1627; genehmigt am 03.03.2014: Abb. 209.

Rheinland-Pfälzisches Freilichtmuseum Bad Sobernheim, Daniel Manner: Abb. 229.

Atelier Hans-Joachim Thrun, Bärweiler bei Bad Sobernheim: Abb. 228.

Gemeinde Frei-Laubersheim, Heinz Bergmann: Abb. 240.

Rupertus und Ursula Woehl, Odenbach: Abb. 249–250.

Zimmermann, Walter, Landkreis Bad Kreuznach (Kunstdenkmäler von Rheinland-Pfalz), Düsseldorf 1935, Nachdruck München/Berlin 1972: Abb. 68, 82, 91, 101.

Rauch, Christian/Herrmann, Christian, Die Kunstdenkmäler des Kreises Bingen (Die Kunstdenkmäler im Volksstaat Hessen, Provinz Rheinhessen, 1.2), Darmstadt 1934: Abb. 88.

Caspary, Hans/Götz, Wolfgang/Klinge, Ekkart (Bearb.), Rheinland-Pfalz, Saarland (Georg Dehio, Handbuch der Deutschen Kunstdenkmäler), 2. Aufl., München 1984: Abb. 75.

© OpenStreetMap contributions, www.openstreetmap.org, geändert durch Michael Imhof Verlag: Abb. 212, 215, 217, 225, 237, 242, 252

# Register